民族之魂

手足情深

陈志宏◎编著

延边大学出版社

图书在版编目（CIP）数据

手足情深 / 陈志宏编著 . -- 延吉：延边大学出版社 , 2018.4（2023.3 重印）

（民族之魂 / 姜永凯主编）

ISBN 978-7-5688-4495-6

Ⅰ.①手… Ⅱ.①陈… Ⅲ.①品德教育－中国－青少年读物 Ⅳ.① D432.62

中国版本图书馆 CIP 数据核字（2018）第 069513 号

手足情深

―――――――――――――――――――――――――――――――――――

编　　　著：陈志宏

丛 书 主 编：姜永凯

责 任 编 辑：孙淑芹

封 面 设 计：映像视觉

出 版 发 行：延边大学出版社

社　　　址：吉林省延吉市公园路 977 号　　邮编：133002

网　　　址：http://www.ydcbs.com　　E-mail：ydcbs@ydcbs.com

电　　　话：0433-2732435　　　　　传真：0433-2732434

发行部电话：0433-2732442　　　　　传真：0433-2733056

印　　　刷：三河市同力彩印有限公司

开　　　本：640×920 毫米　　　　1/16

印　　　张：8　　　　　　　　　字数：90 千字

版　　　次：2018 年 4 月第 1 版

印　　　次：2023 年 3 月第 2 次印刷

ISBN 978-7-5688-4495-6

―――――――――――――――――――――――――――――――――――

定价：38.00 元

人有灵魂，国有国魂；一个民族，也有民族魂。

鲁迅先生曾经说过："唯有民魂是值得宝贵的，唯有他发扬起来，中国才有真进步。"

鲁迅先生以笔代戈，战斗一生，曾被誉为"民族魂"。

民族魂，顾名思义，就是一个民族的灵魂！民族魂，是一个民族的精髓，体现了一种民族的精神，是一个民族生存和存在的精神支柱。

什么是中华民族的民族魂？那就是中华民族精神！它是中华民族凝聚力的理念核心，是中华文明传承的基因。它包含热烈而坚定的爱国情感，对生活的美好愿望和追求，为目标努力奋斗的拼搏毅力，为正义事业不惜牺牲自己的精神，以及正确的人生观和价值观。

前 言

翻开浩瀚的中国历史长卷，我们可以看到数不胜数的，体现民族精神和民族魂的英雄人物和可歌可泣的感人故事。

民族魂，不仅体现在爱国主义精神和行动中，而且体现在各个领域自强不息的民族奋斗中。而中华民族精神的力量，更是深深植根于延绵几千年的传统文化之中，始终是维系中华各族人民共同生活的纽带，是支撑中华民族生存和发展的精神支柱，是不断推动中华民族前进的强大动力。

民族魂体现在"重大义，轻生死"的生死观中；民族魂体现在"国家兴亡，匹夫有责"的使命感中；民族魂体现在"我以我血荐轩辕"的大无畏精神中；民族魂体现在将国家利益置于最高的爱国情怀中！

　　纵观中华五千年文明史，曾经有多少杰出的政治家、军事家、思想家、文学家、科学家、艺术家；曾经有多少忧国忧民、鞠躬尽瘁的仁人志士；曾经有多少抗击外敌、英勇献身的民族英雄。他们或顺应历史潮流，积极改革弊政，励精图治，治国安邦，施利于民；或为人类进步而不断进行着农业、工业、科技、社会等各种创新；或开发和改造河山，不断创造着灿烂的中华文明；或英勇反击外来侵略，捍卫着国家主权和民族尊严；或坚决反对民族分裂，维护国家的统一……他们从不同的侧面，体现了中华民族的民族魂，谱写了几千年中华文明的壮丽诗篇，铸造了中华民族高尚而坚不可摧的"民族之魂"。

　　民族魂，就是爱国魂。从屈原在汨罗江边高唱的《离骚》，到文天祥大义凛然赴死前的"人生自古谁无死，留取丹心照汗青"的诗句；从岳飞的岳家军抗击入侵金兵，到郑成功收复台湾；从血雨腥风的鸦片战争，到硝烟弥漫的十四年抗战，再到抗美援朝的隆隆炮声……哪个为国捐躯的英雄不是可歌可泣的？

　　民族魂，就是奋斗魂。从勾践卧薪尝胆，到司马迁秉笔直书巨著《史记》；从鉴真东渡传播佛法终在第六次成功，到詹天佑自力更生建铁路；从袁隆平百次实验成为"水稻之父"，到屠呦呦的青蒿素获得诺贝尔奖……哪个不是历经艰难，最终取得成功？

　　民族魂，就是改革献身魂。从管仲改革到商鞅变法；从王安石变法到百日维新……哪次变法图强不是要冲破

旧势力的阻挠，或流血牺牲？

民族魂，就是创新魂。古有毕昇发明活字印刷，今有王选计算机照排；古有指南针、造纸术、火药、浑天仪、地动仪的发明，今有神舟号的相继飞天……哪个不是中华民族的智慧结晶？

自古以来，多少仁人志士为了维护人格的尊严和民族气节，以生命为代价！留下了"玉可碎不可污其白，竹可断不可毁其节"的称颂；有多少英雄豪杰，为理想和事业奋斗，面对死亡的威胁，大义凛然；有多少爱国壮士面对侵犯祖国的列强，挺身而出而献出生命。

伟大的中华民族孕育了五千年的辉煌，五千年的历史留下了璀璨的中华文明。

前 言

中国人的血脉流淌着顽强不屈的精神！我们的先辈用血汗和生命铸就了不朽的中华民族魂！换得如今中华大地的一片祥和安宁，换得我们现在的幸福生活。如今，我们要实现习近平主席提出的中国梦，依然需要我们秉承祖辈留下的这种"民族魂"。

青少年是国家的希望，亦是民族的未来。因此，爱国主义教育和励志图强教育要从青少年开始。为了增强对青少年的民族精魂和志向教育，我们精心编写了本套丛书——《民族之魂》丛书。

本套丛书将我国有史以来体现民族精神和民族魂的典型事迹，以通俗易懂的语言故事形式展现出来，适合青少年的阅读水平和欣赏角度。书中提供的人物和事件等故事，涉及社会的各个方面，有利于青少年学习和理解，使读者能全方位地领悟中华民族精神。

为了帮助读者更好地理解和吸收故事的精神，编者在每篇故事后还给出了"心灵感悟"，旨在使故事更能贴近现实社会，让读者结合自身的需要学习领会，引发读者更深入的思考。

希望读者们可以从本套图书中获得教益，通过阅读，真正体会到中华民族之魂所在，同时能汲取其精华，不断提升自己各方面的素质和品格，为祖国新时代的建设和发展做出努力。

全套丛书分类编排，内容详尽，风格独具，是广大读者尤其是青少年爱国励志教育的优秀阅读材料。相信本套丛书一定可以成为青少年朋友的良师益友。

民族之魂

导言

    我国自古以来提倡"孝悌"，其中的"悌"就是"兄友弟恭"之意，讲的是兄弟之间的伦理关系。"兄友弟恭"，就是哥哥对弟弟友爱，弟弟对哥哥恭敬，形容兄弟间互爱互敬。"兄友弟恭"的伦理是完整道德规范文化体系中的重要内容，这一句出自《史记·五帝本纪》："使布五教于四方，父义，母慈，兄友，弟恭，子孝，内平外成。"追根溯源，对这一道德理念的崇尚与萌发是从上古"大舜孝亲爱弟"的故事在民间传为佳话开始的，后来孔子在此基础上提出"礼、孝、悌、忠、恕、恭、宽、信、敏、惠、温、良、俭、让、诚、敬、慈、刚、毅、直、克己、中庸"等一系列德目，形成了较为完善的伦理思想体系。至今其仍然作为"国学"的重要组成部分，施教育人。

    "兄友弟恭"的思想核心是"孝、悌"。在儒家的"仁"字体现上，仁爱要从爱自己的亲人开始，孝悌是实行"仁者爱人"的关键。这一伦理思想也成为"正心、修身、齐家、治国、平天下"的重要内涵。在特定的历史条件下，"家"是"国"的雏形与缩影。我国数千年的封建王朝，人际间的政治伦理关系均以氏族、血缘关系为纽带，"王朝"即"家天下"。"家"的稳定、稳固，即"国"的稳定、稳固。而构成家庭、家族稳定的主要成分是兄弟姐妹。兄弟姐妹之间能够做到"兄友弟恭"，是大局稳定的重要因素。

在我国历史上，宫廷里为争夺皇权王位而发生的同室操戈血案，比比皆是；普通人家族中为争夺金钱、财产、遗产而发生的图财害命的悲剧，触目惊心。可见，"兄友弟恭"伦理思想对维护国家、社会稳定具有重要意义。正是在"兄友弟恭"这一伦理思想的影响下，在古今历史上才衍生出不少经典故事。由于时代的发展和变迁，传统的社会结构、意识形态、家庭结构都有所变化，以前的四世同堂、氏族型大院、村落等几乎不见了，人们的思维方式也发生了巨大变化，因此，"兄友弟恭"伦理思想也有了新的涵义。尽管如此，倡导兄弟姐妹之间互相友爱、家庭和美，为人处世谦、恭、礼、让的理念，仍然受到国人尊崇。中华民族的"孝悌"伦理思想，仍然是当今良好社会风尚的基础，也是从根本上减少和化解社会群体不和谐音符、培养良好个人素质、协调人际关系、推进与加速和谐社会建设的重要内容，仍然具有现实和深远意义。

本书收集整理了一些从古代到近、现代充分体现"兄友弟恭"伦理思想的经典故事以馈读者，是为了弘扬中华传统美德，感召和激励、教育读者和青少年一代。希望读者通过阅读此书，可以更深刻地理解它的内涵意义，从中受到启迪和教益，并继承和弘扬传统文化美德，为和谐社会的建设做出自己的贡献。

目录
CONTENTS

第一篇

兄弟和睦家和谐

孔子提倡孝悌

孔丘（公元前551—前479），字仲尼，人们常称他为孔子，春秋时代的鲁国陬邑（今山东曲阜市）人。他是我国历史上一位伟大的思想家、政治家和教育家。

在孔子生活的时代，和孝处于同等地位的是"悌"，即弟弟对兄长的正确态度。孔子主张，兄弟之间要和睦相处。他告诫弟子说，要"入则孝，出则悌"。一个有修养的人，必须要做到"悌"。

子路曰："何如斯可谓之士矣？"

子曰："切切偲偲，怡怡如也，可谓士矣。朋友切切偲偲，兄弟怡怡。"

孔子和他的弟子都十分重视"孝"和"悌"，把它视为维护社会制度、社会秩序的基本道德力量，同时也是个人内心修养的根本。他们认为，其为人也孝悌，而好犯上者，鲜矣；不好犯上，而好作乱者，未之有也。君子务本，本立而道生。孝悌也者，其为仁也本矣！

孔子也很重视邻里关系，认为居住的地方，要有仁德才好。他认为："里仁为美。择不处仁，焉得知（智）？"在自己的乡里，孔子十分恭顺，"恂恂如也，似不能言者"；在行乡饮酒之礼之后，要等老年人都出去了，自己才出去。对待邻里，他也很友善。有一次，孔子给自己家的总管小米，总管觉得给得太多而推辞。孔子说："毋！以与尔邻里乡党乎！"

在孔子看来，治家是治国的重要组成部分；治家，就是参政，就是治国。

或谓孔子曰："子奚不为政？"子曰："《书》云：'孝乎惟孝，友于兄弟，施于有政。'是亦为政，奚其为为政？"

意思是，不是非要做官才算参与政治，调整处理好家庭关系，并将这些原则用去影响、促进政治，这就是"为政"了。

孝敬父母，和睦兄弟，善待乡邻，就是孔子的治家之道。虽然，其中的一些内容，尤其在处理父母、子女之间关系方面，只有对晚辈的要求，而且不尽合理。但是，他把治家与治国联系起来，把治家看成是治国的不可分割的重要组成部分，以及他所主张的"孝""悌""仁"，仍然值得重视。

后代的统治者和儒家学者，延伸和系统化了孔子的治家思想，但在许多方面滋生出了不少常人难以接受的东西，使我国古代家庭中人与人之间的关系长期处于不尽合乎情理的扭曲状态。这是不能完全归罪于孔子的。

■故事感悟

孔子是我国最早的思想家、政治家和教育家，他的许多主张一直流传至今，构成了中华民族传统文化的重要组成部分。他所提倡的敬老、孝悌等思想，直到今天还放射着美德的光辉，是值得发扬光大的。

奔波的年代

孔子是一个"学而不厌，诲人不倦"的人。他对学生态度和蔼，言传身教，因此师生相处十分融洽，几十年如一日。他和他的学生们事实上形成了一个日益扩大的团体。孔子的声望也越来越高，远近的人无不佩服他的道德和学问。

孔子生活的年代，正当春秋战国之世。诸侯争霸，互相侵略，战争不息，老百姓饱受死亡丧乱、流离失所之苦。孔子在50多岁的时候，当了鲁国的司空（管理土地和民事的官吏）和司寇（管理刑罚和盗贼的官吏），还代理过宰相。他管理国政颇有办法，传说他经过不长的时间就把鲁国治理得路不拾遗、夜不闭户。后来，由于在鲁国得不到继续重用，他的政见得不到实行，便辞职到宋、卫、陈、蔡、齐、楚等国去游历，宣扬他的主张。

孔子周游列国十多年，会见了许多国家的君主，却始终不能实现自己的政治抱负，就又返回了鲁国。那时他已经是快70岁的老翁了。

孔子童年

相传孔子的父母在当地尼山祈祷以后才生下孔子。尼山不大，只是一个小丘，而孔子的头部长得又和它有些相似，所以父母就给孔子取名为丘；又因为他排行第二，因此号为仲尼。他的父亲是一个小官吏，在孔子出生不久就去世了。

孔子幼年没有机会受到正规的教育，他后来的学问，可以说是全靠自修得来的。孔子非常好学，他主张和气待人，更要亲近其中品德高尚的人，向人家学习。他还不耻下问，每事必问。有一次，他进入鲁国的太庙，那里大概在举行什么大典，孔子就向旁边的人仔仔细细地问，直到弄明白为止。还有一次，郯国的诸侯郯子来到鲁国上朝，与鲁国的大夫叔孙昭子讲了一番古代的少皞氏以鸟名作为官名的道理，孔子听说后，专门跑去向郯子请教。他要是听到有人唱了一首新的好歌，必定请人家再唱一遍；他认真听了一遍之后，也就学会了，甚至还能和人家合唱起来。

　　孔子说："三个人在一起走，其中必定有我的老师。"可见他是很好学的。

舜孝父母爱弟妹

虞舜（生卒年不详），三皇五帝之一。传说他因目有双瞳而取名重华，字都君，生于姚墟，故姚姓，今山东省诸城市万家庄乡诸冯村人。他为部落联盟首领，以受尧的"禅让"而称帝于天下，其国号为"有虞"，故号为"有虞氏帝舜"。帝舜、大舜、虞帝舜、舜帝，皆虞舜之帝王号，故后世以舜简称之。去世前，禅位于禹。

舜在年幼时，生身母亲握登就病死了。父亲再娶，继母生弟名叫姚象，又生一妹叫姚系。一家五口人，种地过日子，日子过得并不安静。舜的父亲瞽叟人虽厚道，却偏听偏信奸诈的继母在背后说舜的坏话，结果越来越讨厌舜，还常常借故打骂舜。弟弟姚象在母亲的宠爱下傲慢自私，每当父母责打舜的时候，他往往火上加油。只有心地善良的妹妹姚系才可怜他、同情他。舜一向逆来顺受，委曲求全，却十分孝敬父母，爱护弟妹，四邻皆知。

舜居住的乡村，挨近崇山峻岭、林茂人稀的历山脚下，虎豹豺狼经常出没村边，咬伤人，抓牲畜，居民惶恐不安。恰在这个时候，村子里有人从外地带回一只头上有红羽冠、腹毛黄、双翅和背毛为翠绿色的双睛鸟（即每只眼里有两个瞳仁）。鸟鸣叫声高昂，震得山鸣谷应，惊吓得那些虎豹豺狼，远方逃遁，保得一方平安。乡人大喜，闲聊时把双睛鸟与重瞳的舜相提并论，认为舜将来必成大器。乡邻们看见瞽叟夫妇虐待舜，都愤愤不平。有的当面劝说，有的背地指责……舜都泰然处之，没放在心上，依然孝顺父母。

不知好歹、不辨是非的瞽叟，不但没听乡亲们的劝告，改正错误，反而认为舜伤了他的面子，更加仇恨舜，欲置其于死地。

有一天，瞽叟把舜叫到跟前说："家里粮仓顶棚裂了缝，火辣辣的太阳烤了好多天了，裂缝怕更多更大了，怕下雨漏水，今天你快去修补一下。"

舜戴了一顶能遮风遮雨遮太阳的斗笠，带上工具，提着调匀的泥灰浆，从梯子爬上仓顶。正当他填刷裂缝，忙得汗流浃背，不知怎么回事，粮仓周围堆放的干柴麦秆着火了。粮仓周围都燃起了大火，浓烟滚滚，火光冲天。火趁风威，风助火势，眼看就要烧到舜了，舜连忙找梯子下来，梯子却不见了。于是他拼命喊："救火啊——快救火啊——"没人应声。烟，熏得舜睁不开眼睛，火，灼得舜周身疼痛难忍。身上的衣服已着火了，他只好咬紧牙关，忍住剧痛，跃起身子从火海中往下一跳，落地连翻滚几下，身上火苗熄了，却留下累累伤痕。幸好斗笠当了"降落伞"，鼓起风，减轻了压力，没摔断脚。舜跑回家一看，家中空无一人，而他先前爬上仓顶的梯子正斜放在院子里……舜什么都明白了，是他们（指瞽叟、继母、象）点上火，撤了梯子，然后躲起来了。舜眼睛发黑，跌倒在地上了。

"你这个闯祸的败家子，不干活儿，躺在地上睡懒觉……"瞽叟看见舜还活着，失望之余，火气又上来了，边用棍子抽打舜边骂。舜苏醒过来一看：继母瞪着双眼观望，弟弟象在旁边冷笑。

小妹姚系正边夺父亲手中的棍子边劝说：“爹，别打了，你看大哥烧得周身是伤，你还打他。你，你就饶他一条命吧！”

“你这个闯祸鬼，叫你修补仓，你为什么还惹火烧仓呢？你说——”瞽叟气鼓鼓地问。

舜疼得上气不接下气地回答：“不是我引起的火。我正忙着修补，不知怎么仓四周烟火直冒……我找梯子……下来……梯子……也不……不见了……所以我才……跳……”

“呵，你惹了祸还不承认，我今天要打死你。”瞽叟说着又找棍子想打舜。姚系连忙上前拉住父亲，又劝父亲息怒别再打了。

等一会，瞽叟缓过气来对舜斥骂：“你跪下别想吃饭！”

家中四人吃饭去了，舜一人呆呆地跪着，身上又痛又饿，难受极了。

饭后，瞽叟和继母叽叽咕咕说了一阵悄悄话，出来对舜说：“我就饶了你这回。你必须滚出去，到历山上去开荒种地。你要是偷懒，田土里如果找出一根野草的话，我要你的小命。”就这样舜被逐出了家门。

舜告别父母，携带锄、镰等简单生产工具离家直奔历山，只有妹妹姚系瞒着父母来送他上山。

进山路上，姚系才告诉舜：“放火烧仓的事，是我亲眼看见的。二哥先搬走梯子，爹点的火；我要叫喊，妈捂住我的嘴，然后一齐跑到屋后土窑洞里躲藏起来。火烧了好一阵我们才从土窑洞里钻出来。大哥，他们怎么这样恨你呢？”

舜听了小妹的话，仰天长叹了一口气，十分沉痛地愧惜：“唉，我得不到爹妈的欢心，真是白白吃了18年的谷粮呀！”

姚系要回去时，舜再三叮嘱她：“我要按照爹妈的吩咐把田地种好，只是我不在家了，就只有靠你和二弟照顾爹妈了。隔几天，我会来看望你们的，请放心。"

从此以后，舜一人在历山，砍树立房架，破竹夹垣墙；割草盖顶棚，砌石作卧床；调泥烧陶器，清泉当茶汤；白日种田地，冷热都在忙；春下一粒籽，秋收万颗粮；汗滴变沃土，荒地披绿装；夜归茅草屋，掌灯读乐章；虎狼远逃遁，鸟儿近歌唱；抬头望明月，低头思爹娘；山花开又谢，亲人两相望。

舜在历山上辛勤开荒种地，烧制了不少陶器送给乡邻，还常常抽空回家探望父母，使父母欢心。舜孝顺父母的事，一传十，十传百，最后竟传到求贤欲渴的部落联盟首领唐尧耳朵里了。

当时的部落联盟首领唐尧已近晚年，自知年岁已高，该培养个接班人了。独自思虑，自己所生的9个儿子都不大成材，只有丹朱稍好些，但他继承父位，也难把国家治理好。正当他一心想招贤纳士的时候，有人向唐尧举荐了舜，说他孝顺父母，爱护弟妹，和睦乡邻，可以委以重任，有利国人。唐尧听了，打算亲自去历山访寻。

那天，烈日当空，万里无云，蝉儿"咿哩呀——咿哩呀——"地拉起嗓子叫个不停。

舜坐在树荫下休息一会，听了婉转的蝉鸣声，抬头瞭了瞭树杈，似有所感，于是拿起镰刀，一边有节奏地在地上敲击，一边怡然自得地低声哼唱着歌谣。

日出而作，日入而息。
凿井而饮，耕田而食。
帝利何有于我哉！

舜反复低声哼唱着，略有倦意，便倚着树干微眯双目，欲打个盹儿，嘴里仍哼着。

"先生，醒醒……"唐尧弯下腰，用手轻轻拍了拍舜的肩膀说："老朽失礼了。"

舜睁开双眼仔细打量着跟前的来人，连忙站起身作揖："小民才失礼了。"

唐尧问："先生，为何谦称小民呢？"

舜拱手回答："我见老丈，两耳垂肩，双手过膝，气宇轩昂，绝非等闲之辈呀！"

唐尧微笑着将话岔开："刚才先生哼唱的歌谣，那最后一句'帝利何有于我哉！'中，那第三字'何'应改为'必'字好些。先生以为如何？"

"哦，这——"舜显得有些尴尬，回答不出话来。

唐尧接着说："以前，轩辕黄帝大战蚩尤，能呼风唤雨的蚩尤作五里之雾，困住了黄帝的兵马。后来黄帝发明了指南车，才制伏了蚩尤，奠定了中华民族的基业，才让今天的老百姓安居乐业地过日子。"

"老丈之言，使小民茅塞顿开。"舜看了看唐尧，嗫嚅地问："请老丈恕小民冒昧地问，我看老丈言语举止，是否为唐尧天子呢？"

唐尧笑了笑说："正是。传闻先生在家孝顺父母，和睦乡邻，勤耕苦读，也许有雄才大略，安邦治国，特来造访。请问先生，可否随我回朝，一同学习治理国家呢？"

舜连忙跪拜："小民双亲健在，还需小民奉养，暂不能应召。"

唐尧扶起舜说："先生不必多虑，可立即随同我回朝，学学治理朝政，我即派五六个奴仆前来照顾你家父母就行了。先生意下如何？"

舜低头答道："圣上旨意，小民应召。只是小民鲁钝，难负重任。"

唐尧说："雏雁的翅膀是在海阔天空里飞练坚强的，家鸡是永远飞不上天的呀！"

舜信服地点了点头，于是辞别家人，安排好家事，拜谢四邻关照，就同唐尧上路了。

唐尧和舜回到皇宫，专派8名奴仆马上去舜家伺候瞽叟夫妇，协助耕作。随后，唐尧又择定吉日，将自己的两个女儿娥皇、女英嫁给了舜。从此舜出入皇宫，向唐尧请赐治国方略，向同僚学习怎样体恤民情，一晃一年过去了。

舜进宫一年来，知晓了一些朝政事务，学得了不少礼仪。通过一年的考察，从长远利益考虑，唐尧准奏舜回家孝敬双亲，潜心修养，以候任用。并赐给舜牛、马、金银、布帛、瑶琴等，还专派工匠和艺师给舜修建了一座官邸，好让舜携带妻妾返乡居住。

舜携扶娥皇、女英和财物，一路日行夜宿回到家乡冀州（今山西与河北二省相邻的中南部的历山），继续种地耕田，研读诗书礼乐，更加孝敬父母，乡邻无不称羡。

舜的继母看见舜两手空空而去，不到一年之间就赚了钱，携妻妾而归。比起而今还是衣衫褴褛、形单影只的自己的亲生儿子姚象来，心里很不是滋味。

舜的弟弟姚象眼看着舜在短短日子里，一幢明亮宽敞的房舍有了，两个如花似玉的美人儿有了，几头膘肥肉满的牛、马有了，大堆白花花、亮闪闪的黄金、白银有了，那玲珑剔透、珠光宝气的瑶琴也有了，心里很不平衡。他凭什么该拥有？我为什么不该拥有呢？

唯有舜那同父异母的妹妹姚系胸襟坦荡，为受苦受难，终于熬出头的大哥而庆幸；也为心术不正、暗中使坏的母亲而焦虑；更为因羡慕而生忌妒，专会巧取豪夺的二哥而羞愧。她看在眼里，记在心里。

果然，不出所料。第二天早上，瞽叟就来对舜说："重华，我家门前那口水井多年没挖淘了，泥沙淤积很厚了。天好久没下雨，井水枯落了。今天你和象把井淘干净，马上就来呀。"话说完，瞽叟转身就走了。舜连连点头答应。

瞽叟站在门口向舜交待的话，娥皇、女英在室内听得一清二楚。估计这次丈夫难逃活命，急得两个女人抱着哭作一团。见舜跨进门槛，更加哭得泣不成声了。舜也明知凶多吉少，但父命岂能违抗。他思考了一会儿，反而冷静下来，然后安慰娥皇、女英一番，带上她二人的陪嫁品——玉石斧、大铜叉、象牙钻等工具，准备出门了。

娥皇、女英二人紧紧拉住丈夫，泪眼婆娑地不让舜走。舜好劝歹说，二人都不肯放手。眼看太阳爬上东山一竹竿多高了——他狠了狠心挣脱了，大踏步跨出了门槛走了。

舜来到水井边，姚象早已等在那里了。姚象说他在井上用绳吊泥沙，叫舜下井去淘挖井底淤积的泥沙。舜二话没说，先用绳拴在腰上，带上玉石斧、大铜叉和象牙钻，双手攀绳，两脚蹬井壁，徐徐下坠到约四五丈深的井底了。不一会儿，姚象用绳吊下竹箩筐装泥沙。刚吊上两三筐泥沙，舜想先堵死水源洞才好办。于是，舜就钻进水洞去堵水源。他正使劲塞呀、堵呀，突然听得身边"轰隆——轰隆——哗——哗——"的声音，无数大石头、小石头铺天盖地地砸滚下来，水花四溅。没多久，井底下部被堵死了，堵得漆黑了。乱石泥沙将井身填高了一丈多。即使是善于钻孔的水蛇泥鳅，也休想逃出活命了。

瞽叟、姚象向水井投下大量石头、泥沙，累了大半天，就回家休息去了。为了掩人耳目，后来一家人竟锁上房门，到远方寻亲访友去了，装着没发生任何事样，一去就是两三天。

第四天，瞽叟一家四口才返回家。

姚象悄悄溜到水井边瞧一瞧，又丢下一坨大石头试探一下，井中静静的，毫无声响。姚象"呸——"的朝水井吐了口水，"嗤——"地冷笑出了声。转身跨了几步，又回头看有没有什么幽灵跟上来，便胆怯怯地溜回家，心脏还扑通扑通地跳个不停。

这下万事如意了，姚象才将爹妈一齐喊到卧室里来，共同商量瓜分舜的财产的事。

姚象看一家人到齐了，抢先说："刚才我去水井边看了，那个不吉祥的怪物、早就该死的人，这次怕被砸成肉饼了。他丢下的遗产该怎么分？"

瞽叟"叭，叭——"地吸着旱烟袋，低着头，不哼声，谁也猜不透他在想什么。

姚象的妈呢，正劝说哭肿了双眼的姚系："幺姑，别哭了！妈给你挑个乖乖巧巧的夫婿，多分几匹布帛给你当嫁妆，你该心满意足了嘛！"

"我、我什么都不要——我不嫁人——不稀罕你那偷抢来的东西——"姚系顶了几句，仍然在哭泣。

室内，除了哭泣声外就是沉默，长时间的沉默。

姚象等得不耐烦了，还是他抢先说："这个主意是我出的，我要娥皇、女英两个美人儿，瑶琴归我。黄金、白银分一小部分给爹妈过生活。其余金银，我要拿来修筑一幢比死鬼那一幢更漂亮的房子。当然，这件事爹妈也出了大力，那幢房子就给你二老住，牛、马归你们喂养，大家使用。"

"那、那你妹子呢？"瞽叟的老伴问。

姚象白了白眼："等她出嫁时再说，总要换回两三头牛嘛！"

姚象的话又惹得姚系大哭一场，一家人不欢而散。只有姚象想入非非地轻飘飘地"飘"出了门，走向他梦寐以求的地方去。

姚象高高兴兴地向舜的官邸走去。他刚跨进门槛一望，"哎呀——

鬼——"脚绊门槛，"扑通"一声吓得倒下了。

"哎呀，大哥，你、你冤魂不散，饶了我吧。"姚象见舜正坐在自己的房间里，他一边挣扎着向外挪步，一边哭丧着脸讨饶。

"弟弟，你别怕。我没死，我还活着，你看，我不是好好的吗？"舜若无其事地解释着。

姚象揉了揉眼睑，眼睛睁得老大说："你、你、你真的没死？""我真的没死。"舜应着。"唉——"姚象长叹了一声。这一声长叹，不知是悔恨自己不该陷害兄长呢，还是埋怨自己手段不狠毒呢？只有他自己才明白。

"别说了，过去的事，就让它过去吧。"舜回头叫娥皇、女英回内室休息，他要同弟弟聊聊家常。

舜说："你我弟兄，就像手与足，只有团结起来，分工合作才行。不能争高低，更不能相互伤害。父母一年比一年老了，就是靠我们当儿女的孝敬呀！多一双手足，总比少一双手足强呀！你说呢？"

姚象听了有所悔悟，急忙跪下向兄长道歉说："从今以后，我再也不干这般蠢事了。"

事后，娥皇、女英回娘家如实向父皇唐尧禀奏了这件事。为了防止姚象再滋生事端，也算给他一个发展的机会，唐尧封姚象去当夏地的首领，即日上任。姚象高兴极了，克日赴任。

姚象离家，一去便杳无音讯，全靠舜供孝父母至送终归山，从未懈怠，乡邻称颂。

不久，唐尧召舜进京师，当着朝廷百官考舜五音五典的熟练水平。舜侃侃而谈，百官皆惊叹，便被封为国相，辅佐唐尧治理政事。18年后，唐尧年高老迈，深感不行了，便禅让王位给舜。

是时，唐尧辞世，舜仍谦让给唐尧的儿子丹朱就帝位。但四方部落酋长不去朝拜丹朱，偏来朝拜舜。舜在众臣拥戴下才就帝位，号虞舜。舜称帝后，立即招贤纳士，任用忠孝双全的16人协助治理农耕、朝政。从此，天下太平，人民安居乐业。

■故事感悟

《孟子》云："舜何人也？予何人也？有为者，亦若是！"舜能做到孝顺父母，对兄弟友爱，我们也能，因为我们天性中都有一颗至善、至敬、至仁、至慈的爱心。假如我们能以舜为榜样，真正尽到孝亲顺亲、爱护兄弟的本分，必能缔造幸福美满的家庭。

■史海撷英

虞舜改制

舜继位以后，在政治上进行了一番大的改革。原已举用的禹、皋陶、契、弃、伯夷、夔、龙、垂、益等人，职责都不明确，此时舜命禹担任"司空"，治理水土；命弃担任"后稷"，掌管农业；命契担任"司徒"，推行教化；命皋陶担任"士"，执掌刑法；命垂担任"共工"，掌管百工；命益担任"虞"，掌管山林；命伯夷担任"秩宗"，主持礼仪；命夔为"乐官"，掌管音乐和教育；命龙担任"纳言"，负责发布命令，收集意见。还规定3年考察一次政绩，由考察3次的结果决定官员的提升或罢免。通过这样的整顿，"庶绩咸熙"，各项工作都出现了新面貌。

上述这些人都建立了辉煌的业绩，其中禹的成就最大。他尽心治理水患，身为表率，凿山通泽，疏导河流，终于治服了洪水，使天下人民安居乐业。当此之时，"四海之内咸戴帝舜之功"，"天下明德皆自虞帝始"，呈现出前所未有的清平局面。

舜帝陵

舜帝陵位于湖南省永州市宁远县九嶷山舜陵景区，是九嶷山风景区的目标人文景观，也是我国最古老的陵墓。

舜帝陵陵区由陵山（舜源峰）、舜陵庙、神道及陵园组成，占地600余亩。陵山舜源峰上小下大，呈覆斗状，海拔600余亩，气势恢宏。山北麓建有陵庙，陵庙坐南向北，规模宏大，占地24644平方米，分为前后两重院落，五进建筑。陵庙内建有庄严肃穆的山门、午门、拜殿、正殿、寝殿、厢房。陵庙外有长200米的神道。

舜陵是中国五大古帝陵之一，是中国唯一的舜帝陵墓，乃舜帝南巡崩于苍梧之野而葬于九嶷山。陵庙祭碑廊内保存的历代祭碑36方，是珍贵的历史文物，也是历史的见证。在古木参天的陵区内，陵庙建筑上的石雕、楹联、壁绘栩栩如生，令人流连忘返。附近有娥皇峰、女英峰、美大峰、梳子峰、舜峰（三分石）、箫韶峰、斑竹岩、舜池、舜溪，皆与舜帝奏九韶之乐及二妃挥泪斑竹的传说有关。

薛孟尝分家谦让

薛包，字孟尝，汉安帝时汝南人。

薛包年轻时就勤奋好学，为人厚道，懂得礼貌。他的母亲常年疾病缠身，卧床不起，薛包每日求医煎药，端水送茶，问冷问热，伺候得非常周到。于是，他孝敬老人的名声便传遍乡里。

母亲去世后，父亲又娶了一房妻子。为了讨个好名声，继母对薛包大面上总还过得去。但时间一长，就容不得他了，开始在薛包父亲面前说薛包的坏话。天长日久，父亲信以为真，就叫薛包出去自己过。薛包不忍抛下父母自己另过，就日夜哭泣。这下可惹恼了父亲，竟用棍杖把薛包赶了出去。

薛包无奈，只好在院外搭个棚子，晚上睡在那里，早晨起来还是回到家里，洒扫庭院。父亲还是逼他走，他实在没办法了，只好在庄外搭个小棚，住在那里，早晚还是回家洒扫院子，干些伺候父母的零活。不管刮风下雨，还是大雪飞扬，一年多来从不间断。薛包的孝心终于感动了父亲和继母，他们又准许薛包搬回家住了。

薛包回家住之后，更加孝敬继母，关心体贴，竭尽孝心。在继母病重时，他问病求医，煎药送水，时刻不离。白天，渴不思饮；夜晚，衣不解带。直到继母去世，他从无倦怠之意。

父母双双过世之后，继母生的弟弟要求分家。薛包一再劝阻，仍是无效，便主动把好的房屋、田地、器物、能干的佣人都留给了弟弟，自己把老得不能干活或无家可归的佣人领去。他说："这些老人和我同住多年了，你不能使用他们啊，跟我去吧。"田地，他拣荒芜贫瘠无法耕种的要；房屋，他拣破旧倒塌的。他说："这是我年轻时所经营的，我很留恋这些土地和房屋啊。"器具物品，他拣破烂的。他说："这些器具物品是我平素吃穿用的东西，适合我的身体和胃口啊！"

弟弟好吃懒做，不务正业，不久就把分得的家产全败光了。薛包就经常周济他，不袖手旁观，也不埋怨挖苦。乡里人有的说："你弟弟游手好闲，对你又不好，也不是一母所生，有钱也不能给他呀！"薛包笑着回答说："兄弟团结友爱，也好让九泉之下的老人放心哪，这也是尽孝心呀。"

汉建光年间，薛包的孝行传到了京城，得到了皇帝的重视，公车特召他当侍中官。

■故事感悟

薛包在父母健在时，能尽心服侍父母；当父母去世时，他又担负起了照顾弟弟的责任。虽然不是同胞兄弟，可薛包还是把好地、好房让给了执意分家的弟弟。他的这种为人宽厚、甘愿吃亏的品质值得世人尊敬，我们应向他学习。

■史海撷英

夺宫之变

汉安帝本来立后宫庶妃李氏所生子刘保为太子，而皇后阎氏未生子。阎氏惧怕李氏依仗太子夺其地位，遂将李氏毒死，后诬告太子保谋反，使

安帝废黜太子保，贬为济阴王。

安帝崩，太子被废，阎后遂立章帝之孙、北乡侯刘懿为帝。而北乡侯在位半年，卒。刘懿卒后，阎氏秘不发丧，屯兵宫中自守。而宦官孙程等联合宫中几大掌权宦官，秘密迎立废太子济阴王保为帝，是为顺帝。而阎后则被囚禁起来，不久死去。阎显、江京等被杀。此事史称为"夺宫之变"。

■文苑拾萃

侍 中

侍中是官名。秦侍中为丞相之"史"（属员），以往来殿内东厢奏事，故名。汉为上起列侯、下至郎中的加官。加此官者可出入宫廷，担任皇帝侍从。侍中任务很杂，须分掌乘舆服物（包括"虎子"即溺器在内）。但此官因身居君侧，常备顾问应对，地位渐趋贵重。汉武帝时因侍中莽何罗图谋行刺，始令侍中出居宫外。王莽执政时复入，东汉章帝时复出外。秦、汉侍中数额无定。魏、晋定为四人，加官者不在限额内，职责与秦、汉侍中不同，虽仍在近侧，而不任杂务，与散骑常侍同备顾问应对，拾遗补缺，遂成为清要之官。魏国时已经成为加衔，司马懿、曹爽执政都加衔侍中。晋朝建立，侍中的地位和作用日益重要，不仅开始成为三公、执政的加衔，而且直接参与朝政。晋怀帝就是侍中华混拥立的。

郑均劝兄为官清廉

郑均（？—约96），字仲虞，东平任城人。建初三年（78年），被推举为官，他不去赴任。建初六年（81年）受公车特征。后迁官至尚书，又拜议郎。后以病告归，时人号为"白衣尚书"。永元中期，在家中病死。

东汉时期，有一个叫郑均的少年，和哥哥郑仲住在一起。郑仲在县令手下当差役，专门负责捕捉强盗和小偷。一些干了坏事的人害怕郑仲抓他们，就去给他送礼。郑仲是来者不拒、统统收下。郑均把这些都看在眼里，很替哥哥担心。

一天，他拾柴回来，走到家门口，看见一个人从他家出来，四下张望了一阵，然后慌慌张张地溜掉了。郑均进屋以后，见到桌上摆着钱，旁边还有酒和肉，心里就明白了。他对哥哥说："哥，你怎么又收别人的东西呢？"

郑仲满不在乎地说："这是别人自愿给我的，收下来又有什么关系？做大官的接受别人的金银珠宝，我这点东西又算得了什么呢？"

郑均见说服不了哥哥，就决定换个方式来劝说。

　　第二天，郑均悄悄地离开了家，到一个有钱人家去做工。他起早贪黑，不怕日晒雨淋，辛辛苦苦干了一年。到了年底，主人家对他很满意，给了他工钱和一匹布，他拿着工钱和布回家了。

　　回到家里，他把工钱和布交给哥哥，恳切地说："这些是我用劳动得来的。用完了，还可以再通过干活得到。哥哥是捕捉盗贼的差吏，却接受别人的钱财。人们都说吃人家的嘴软，拿人家的手短，你收了别人的财物，当他犯了法以后，你还怎么去捕捉呢？这样下去，早晚会闹出乱子，那不是把你以后的出路都毁掉了吗？"

　　郑仲听了弟弟的话，连连说："是啊，这样下去，实在太危险了。"

　　郑仲下定决心，改掉了喜欢贪图便宜的毛病，成了一个作风清廉的差役。

■故事感悟

　　郑均为了哥哥的前程，再三劝说其不要受人贿赂，做一个清廉正直的好差役，终于使其认识到了贪污的利弊，改掉了收人钱财的恶习。郑均对待兄长关心备至的行为让人钦佩！

■史海撷英

明章盛世

　　东汉初期，汉明帝、汉章帝励精图治，注重农桑，兴修水利，减轻徭役，社会比较安定，经济生产得到较大恢复。明帝、章帝衣食也比较朴素，采取与民休息政策，重视儒家思想。在此期间，两次派班超出使西域，使西域各国成为东汉藩属。史称此一时期为"明章盛世"。

四愁诗

（东汉）张衡

我所思兮在太山。欲往从之梁父艰，侧身东望涕沾翰。美人赠我金错刀，何以报之英琼瑶。路远莫致倚逍遥，何为怀忧心烦劳。

我所思兮在桂林。欲往从之湘水深，侧身南望涕沾襟。美人赠我金琅玕，何以报之双玉盘。路远莫致倚惆怅，何为怀忧心烦伤。

我所思兮在汉阳。欲往从之陇阪长，侧身西望涕沾裳。美人赠我貂襜褕，何以报之明月珠。路远莫致倚踟蹰，何为怀忧心烦纡。

我所思兮在雁门。欲往从之雪雾雰，侧身北望涕沾巾。美人赠我锦绣段，何以报之青玉案。路远莫致倚增叹，何为怀忧心烦惋。

李勣爱亲侍姐

　　李勣（594—669），原姓徐，名世勣，字懋功（亦作茂公），汉族，曹州离狐（今山东东明一带）人，唐代政治家、军事家。因唐高祖李渊赐姓李，故名李世勣。后因避唐太宗李世民讳，遂改为单名勣。后被封为英国公，是凌烟阁二十四功臣之一。在唐朝甚至在中国的历史上，李勣都可以说是一位极富有传奇色彩的人物。他出将入相，位列三公，极尽人间荣华。历事唐高祖、唐太宗、唐高宗（李治）三朝，深得朝廷信任和重任，被朝廷倚之为长城。

　　李勣在隋末举义后追随李世民征战，武功卓著，唐时封英国公，守并州16年。到唐高宗时，官至司空。

　　当李勣官至仆射时（唐代不设尚书令，仆射即为尚书省长官，与中书令、侍中同为宰相），有一次，他的姐姐病了，想吃粥，李勣亲自下厨为姐姐煮粥。恰巧此时风向回吹，火一下子把他的胡子、鬓发都燎了，他也不在乎。他姐姐知道了，心疼地劝他说："家里的佣人那么多，你何必自己去受这份罪？一碗粥，让他们去做就是了。"李勣则说："不是没有人使唤，实在是念及姐姐上了年纪，我也老了，就是想多为姐姐煮几回粥，又能煮几回呢？"

姐弟之情，溢于言表；手足之情，让人心动。李勣姐弟情深，亲自动手为姐姐煮粥，充分体现了弟弟对姐姐的深厚感情！

李勣为官

贞观二十三年，唐太宗临终时，因太子李治无恩于李世勣，故意贬其为叠州都督。在李治即位后，将李世勣提拔为尚书左仆射。

高宗即位后，立拜李勣为尚书左仆射。永徽四年，册拜司空。李勣为人小心谨慎，对于皇帝家事一概不过问。皇帝椒房内事，外臣权位再高，血缘再亲，掺和宫闱之事无论成败，最终难逃一戮。李勣又非皇亲国戚，为人又深沉谨慎，加之太宗托负他的是社稷国事，所以他的表现实为中允，并非油滑臣下所为。因此，武后对他非常不错，对待李勣的姐姐还亲自临问，赐以衣服，如家人一般。

七德舞，美拨乱，陈王业也

（唐）白居易

七德舞，七德歌，传自武德至元和。
元和小臣白居易，观舞听歌知乐意，乐终稽首陈其事。
太宗十八举义兵，白旄黄钺定两京。擒充戮窦四海清，二十有四功业成。
二十有九即帝位，三十有五致太平。功成理定何神速，速在推心置人腹。
亡卒遗骸散帛收，饥人卖子分金赎。魏徵梦见子夜泣，张谨哀闻辰日哭。

怨女三千放出宫，死囚四百来归狱。剪须烧药赐功臣，李绩鸣咽思杀身。

含血吮创抚战士，思摩奋呼乞效死。

则知不独善战善乘时，以心感人人心归。

尔来一百九十载，天下至今歌舞之。

歌七德，舞七德，圣人有作垂无极。

岂徒耀神武，岂徒夸圣文。太宗意在陈王业，王业艰难示子孙。

李大亮尊兄爱弟

李大亮（586—644），唐初将领，唐朝开国功臣，陕西泾阳人。

唐代有个叫李大亮的人，曾任左卫大将军兼太子右卫的官职。

李大亮平生忠诚严谨，做事认真，他的职责决定他要经常在皇宫和太子居住的东宫值夜。为了在发生紧急情况时能及时处理，每次值夜他都是和衣而卧，从不脱衣熟睡。唐太宗很信任他，曾对他说："每当你在宫中值夜，我便通夜安卧。"唐太宗的话，对李大亮的忠于职守给予了充分的肯定。

李大亮虽然深受皇帝宠信，历任要职，所得俸禄、赏赐的数量颇为可观，但个人生活很节俭。他的住处低矮简陋，衣服少而简单。

对于李大亮这样官位显赫、俸禄优厚的人，生活上节俭，居住着低矮且简陋的房子，难道他是个吝啬鬼？

如果有人真的这么想，用这样的眼光看待李大亮，那就完全错了。他很小的时候，父母相继去世，他是在兄嫂的照顾下长大的。兄嫂对他十分好，供他吃穿，还供他读书。当然，兄嫂在李大亮的心目中，也如同自己的父母一样。因此，他走上仕途之路之后，官越做越大，以致后来声名显赫，却没忘记兄嫂对自己的养育之恩。他对哥哥十分尊重，侍奉兄嫂如同侍奉父母一样。老年的兄嫂总是对亲戚朋友说："我这弟弟，真是没得说，比儿女对我们都要孝顺。"

李大亮小的时候，十分淘气，经常在与小伙伴玩耍的时候被别的孩子告状。原因也简单，他把自己的聪明劲头用在了同小伙伴玩耍中的指挥上，他总是扮演领导的角色，孩子们对他的指手画脚也很顺从。当然，也会有不服的时候，出现这种情况，李大亮就会对不听从指挥的孩子动起手来，把人家打了。事情闹到哥嫂那里，哥嫂是先向人家道歉，然后关上门，再教训一通李大亮。

一次，哥哥教训李大亮时他不服气，以为自己没有错。嫂子接过话茬，冲李大亮说："你没错，扯破的衣裳，我可不再给你补了。"李大亮听嫂子这样说，觉得罕见，再看嫂子的眼里，滚动着亮晶晶的东西，险些溢出来。

晚上，李大亮温完了书，刚刚躺在床上，发现哥嫂的屋子里还亮着灯。他悄悄地爬起来，透过那虚掩着的门，见嫂子在昏暗的烛光下，正给自己缝补白天扯破的衣裳。嫂子一边缝，一边对哥哥说："弟弟是块好料，只要好好读书，将来能干大事。白天的事情其实并不怨他，但都是小孩子，能争出个什么理来？"

听到这里，李大亮悄悄回到自己屋里，翻来覆去，怎么也睡不着。他想了很多，想起了很多兄嫂平日里对自己的好。他觉得，兄嫂对自己的关照简直如同爹娘。往后，再也不能惹他们生气。

也就是从这时开始，李大亮像换了个人，读书更加认真刻苦，后来终于走上了仕途。

其实，李大亮不但对自己的哥哥嫂子亲如父母，对待亲戚、族里的人也都尽力帮助。他把自己舍不得用的东西大多分送给亲戚，留下自用的很少。他曾耗尽自己的家产，为宗族中没有后代、死后无人安葬的老人隆重地料理后事，"送终之礼，莫不备具"。此外，他还抚养了许多亲戚家的孤儿。

古时富贵人家有在死者口中放置珠玉的习惯，而李大亮因把大部分家产都用于接济亲戚、葬埋死者和抚养孤儿，他去世时家中"唯有米五石、布三十端"，以致"无珠玉以为含"。他去世后，人们都赞许他的美德。他抚养过的那些孤儿也都纷纷赶来吊唁致哀，其中以儿子之礼，"服之如父者十五人"。

■故事感悟

李大亮为人忠诚谨厚，内心善良正直，对兄嫂更是以礼相待，闻名于世。李大亮尊敬兄嫂如同父母的精神，值得后辈敬佩。

■史海撷英

李大亮进谏太宗

贞观八年（634年），李大亮调任剑南道巡省大使。次年初，朝廷发兵进攻吐谷浑，他奉命随大总管李靖出征。唐军获胜，扶持慕容顺为吐谷浑新主。太宗恐慕容顺势单，不能统其国，遣李大亮引数千精兵前去为之声援，因为战功显赫被晋封为武阳县公，拜右卫大将军。十五年，薛延陀南侵，李大亮配合各路唐军将其击破。十七年，晋王李治被立为太子，他兼任太子右卫率、工部尚书，负责守卫太宗和太子寝宫。太宗曾对李大亮说，每逢你值夜，我便可通夜高枕无忧。贞观十八年，太宗准备东征高丽时，李大亮患病，太宗前往探望。他苦谏太宗不要东征，以经营关中为重，太宗不纳。

《新唐书》

　　《新唐书》是记载中国唐代历史的纪传体史书，共 225 卷，包括本纪 10 卷、志 50 卷、表 15 卷、列传 150 卷。由北宋宋祁、欧阳修等撰。宋仁宗嘉祐五年（1060 年）全书完成，由曾公亮进呈。《新唐书》所增列传多取材于本人的章奏或后人的追述，碑志石刻和各种杂史、笔记、小说都被采辑编入。

王文正治家和睦

王旦（957—1017），字子明，北宋名相，大名莘县（今属山东）人。王旦自幼好学，太平兴国五年（980年）进士。

王旦在宋真宗时颇受重用，任宰臣十五年，被称为"全德元老"，不仅擅长知人施政，而且治家有方。

王旦治家，既注意节俭、和睦，又重视治家方法，身教重于言教。他身为宰相，官至极品，却节俭朴素。平时穿着布衣，只要稍微奢华，他便坚决不肯穿。他以身作则，家人自然不敢放纵奢侈，衣着食用也都很朴素。一次，真宗见王旦的居室简陋，准备给他修缮，他坚决不同意，还推辞说，这是祖宗旧宅，不愿毁掉，真宗才作罢。

王旦经常教育子孙说："子孙当各念自立，何必田宅，徒使争财为不义耳。"

王旦为人宽厚，治家提倡和睦，不论对臣僚、子弟、亲戚、仆人都温文有礼，发生矛盾也以宽容的方法化解，"家人未尝见其怒"。家人准备的饭菜不洁净，他只是不吃，但从不责备。

一次，家人想试试他是否计较，便在羹汤中放了一点锅灰。饭菜上桌，王旦只是吃饭，却不喝汤。家人问他为什么不喝汤，他只是淡淡地说："我偶不喜肉"，却不斥责家人不注意卫生。

一天，家人又在饭中放了些锅灰。王旦看着饭说："吾今日不喜饭，可具粥。"他仍没有责备，家人深为其宽厚所感动。

还有一次，他的子弟告状说："庖肉为饔人所私，食肉不饱，乞治之。"

王旦并没有听从他们的请求去制裁饔人，而是问："汝辈人料肉几何？"

子弟回答说："一斤，今但得半斤食，其半为饔人所廋。"

王旦又问："尽一斤，可得饱乎？"子弟高兴地说："尽一斤，固当饱。"

王旦治家之宽厚，由此可见一斑。从另一件事更可以看出他的长者风范。

那时，各家在冬至时都要祭祀祖宗，王旦身为朝廷重臣更要遵守这种礼法。

一年，在冬至祭祀之前，王旦的家人把所需物品都装在坛坛罐罐里放在堂前，就等王旦归家主祭。他有个弟弟非常蛮横，到家后把所有的坛罐全打破了。家人都惶恐失措，以为王旦再宽厚，回家也要发火。

王旦回来以后，见酒菜洒了一地，无法行走，却并没有发怒，只是提着衣襟走入厅堂，一句责备的话都没说。

他的弟弟深为这种宽怀大度所感动，从此弃恶为善，而王旦也从来不提这件事。

王旦身为宰相，日理万机，公务繁忙，只好把家事都交给弟弟王旭处理，但他仍不忘教诲子弟。他一方面以身作则，做子弟的楷模；另一方面对子弟的不良行为循循诱导，使其悔改。

一次，他的弟弟拿回来一条玉带给王旦看，以便征得他的同意后买下。王旦知道他的用意，但并没有教训弟弟不注意节俭，而是要王旭系在腰上，问他："还见佳否？"王旭说："系之安得自见？"王旦幽默地说："自负重而使观者称好，无乃劳乎！"王旭非常惭愧，立即把玉带退了回去。

临死之前，王旦仍然不忘教育子弟，写遗嘱说："我家盛名清德，当务俭素，保守门风，不得事于奢侈，勿为厚葬以金宝置柩中。"

王旦唯恐子弟们不能照他的话去做，又把好友杨素找来，请求杨素，一定不要把金银珠宝之类的东西放在他的棺材里。他还要杨素代写奏表说："忝为宰辅，不可以将尽之言，为宗亲求官。"真宗看过奏表，御驾亲至家中看望，并赐给白金5000两。王旦上表坚决辞谢，并在谢表后面亲笔写了四句话："益惧多藏，况无所用，见欲散施，以息咎殃。"王旦清醒地意识到，财多为害，鼓励子弟自立之意。真宗看到奏稿末尾四句，也深有所感。王旦死后，按大宋朝廷的规矩，加谥号为"文正"，所以人们称他为王文正公。宋仁宗题写"全德元老"之号，因此又称做"全德王文正公"。

■故事感悟

王旦治家坚持俭约和睦，讲究身教，善于诱导，遂成一代楷模。

■史海撷英

寇准之死

宋仁宗天圣元年（1023年），寇准忧病交加，卧倒在病榻之上。他在病中写了一首诗，表达了他一生的志向和际遇，凄怆感人。诗题为《病中书》。

多病将经年，逢迎故不能。

书惟看药录，客只待医僧。

壮志销如雪，幽怀冷似冰。

郡斋风雨后，无睡对寒灯。

九月，63岁的寇准与世长辞，宋仁宗任命寇准为衡州司马的诏书在他死后才到达。

寇准的妻子请求允许将寇准归葬到西京洛阳，得到了批准。灵柩经荆南公安县，人们都在大路上祭奠痛哭，还为寇准立庙，逢年过节祭祀。寇准没有儿子，以侄子寇随为嗣。

寇准去世后11年，恢复太子太傅，赠中书令、莱国公，后又赐谥忠愍。仁宗皇祐四年（1052年），诏令翰林学士为寇准撰《神道碑》，仁宗篆书碑额"旌忠"。

□文苑拾萃

《宋史·王旦传》节选

王旦，字子明，大名莘人。曾祖言，黎阳令。祖彻，左拾遗。父祐，尚书兵部侍郎，以文章显于汉、周之际，事太祖、太宗为名臣。尝谕杜重威使无反汉，拒卢多逊害赵普之谋，以百口明符彦卿无罪，世多称其阴德。祐手植三槐于庭，曰："吾之后世，必有为三公者，此其所以志也。"

旦幼沉默，好学有文，祐器之曰："此儿当至公相。"太平兴国五年，进士及第，为大理评事、知平江县。其廨旧传有物怪凭庪，居多不宁。旦将至前夕，守吏闻群鬼啸呼云："相君至矣，当避去。"自是遂绝。

就改将作监丞。赵昌言为转运使，以威望自任，属吏屏畏，入旦境，称其善政，以女妻之。代还，命监潭州银场。何承矩典郡，荐入为著作佐郎，预编《文苑英华》《诗类》。迁殿中丞、通判郑州。表请天下建常平仓，以塞兼并之路。徙濠州。淳化初，王禹偁荐其才任转运使，驿召至京，旦不乐吏职，献文。召试，命直史馆。二年，拜右正言、知制诰。

晏殊修家书劝兄教子

晏殊（991—1055），字同叔，北宋前期婉约派词人之一，抚州临川文港乡人。14岁时就因才华横溢而被朝廷赐为进士，之后到秘书省做正字。北宋仁宗即位之后，升官做了集贤殿学士。仁宗至和二年，65岁去世。性刚简，自奉清俭。能荐拔人才，如范仲淹、欧阳修均出其门下。他生平著作相当丰富，计有文集140卷，及删次梁陈以下名臣述作为《集选》100卷，一说删并《世说新语》。主要作品有《珠玉词》。

晏殊在7岁的时候，就已经在文章上显露出了一定的才华。

宋真宗景德初年，张知白以神童的名义把晏殊推荐给朝廷。宋真宗让晏殊同千余名进士上殿应试，他信心满怀，援笔立成。真宗对他的文才给予了肯定，特别赐予他同进士出身。

后来，晏殊在真宗、仁宗两朝为官，担任宰相兼枢密使。晏殊不仅因有才闻名，政绩也不少。除此而外，他在生活上始终保持清正节俭、治家有方的做派。这一点，从晏殊给哥哥的两封书信中可见一斑。晏殊听说兄长买了一所宅子，他就这件事在给兄长的信中表达了他的观点。

"大抵廉白守分为官，须随宜作一生计。且安泊亲属，不必待丰足。"

"一则劝其淡素好善，次则减鱼肉之价，聚为生计。"

"况宦游有何尽期，兼官下不可营私。然须内外各具俭啬为先，方可议此。"

晏殊认为，买一所宅子安置亲属并非坏事，但是必须在内外俭约的情况才可置买，而不能任官枉法，因为"官下不可营私"。晏殊的观点是很鲜明的，公私一定要分明，不可借职权之便，行营私之实。

在谈到自己当官的事情，他对兄嫂说：任官需要干求经营，但"殊一生不曾干求"。他愿以古今贤哲为榜样，认为"古今贤哲不识知耻者，量力度德，常忧不能任者，不妄当负，以重愧责，是以终无侥求。其更识高者，非亲耕不食，非亲蚕不衣，孺子之类是也。盖功利不能及人，而坐受窃其膏血，纵无祸，亦须愧赧也。殊从来多介僻者，理在此。"

从这封信来看，从头到尾都在规劝兄嫂生活节俭，持身要正，任官不能营私；虽然难以做到"非亲耕不食，非亲蚕不衣"，但也不能取不义之财。这里可以大体看出晏殊为人处世的态度。

另一封是给三哥晏廷评及三嫂的，主要讲如何教育孩子。

晏殊在外边做官，非常惦念几个侄子的成长。他在给三哥三嫂的信中这样说："假如资性不高，亦令读书、学诗、学礼、宜亲老宿有德之人，所冀向后自了得一身，免辱门户也。"

他的话的意思是很明白的，哪怕自己的子侄缺乏或没有很高的天分，也还是应该让他们读书以及知书达理，应当多接近有德行的人，希望长大后能够凭自身的能力立身，免得因个人的原因而坏了家门的名声。

在这封信里，晏殊还希望侄子们学些做人的道理："若能稍学好事，免为人所嗤笑，成立得身，父母一生放心有望矣。"

晏殊深知"近朱者赤，近墨者黑"的道理，劝诫兄嫂说："门前不要令小后生轻薄不着实者来往，或寻得一有年甲谨重门客教训诸子甚好。"

在这封信中，晏殊还以亲身体会说明这样做的道理，他说："近日京师官中行公事甚多，细视，多是人家子弟，轻事玩狎，非类致之者，是知小儿女尤宜亲近有德，远轻薄之徒也。"

从这些话中可以看出，晏殊非常重视子女教育，尤其重视培养孩子的良好品德和教养，以便他们长大后能够立身成人，一来"免为人所嗤笑"，二来"父母一生放心有望矣"。

□故事感悟

晏殊少年得志，身居高官，但仍念念不忘告诫兄弟要清正节俭，教育子侄要"亲近有德，远轻薄之徒"，重视品德教养，与那些放纵子弟胡作非为的达官显贵形成了鲜明的对比。这种顾念兄弟情谊、照顾子侄的精神，在今天看来尤其难能可贵。

□史海撷英

庆历兴学

乾兴元年（1022年），年仅10岁的宋仁宗继位，刘太后听政。宰相丁谓、枢密使曹利用想独揽大权，朝中众官议论纷纷，束手无策。晏殊提出"垂帘听政"的建议，得到大臣们的支持。为此，迁右谏议大夫兼侍读学士、加给事中，后任礼部侍郎、知审官院、郊礼仪仗使，后迁枢密副使。因反对张耆升任枢密使，违反了刘太后的旨意，加之在玉清宫怒以朝笏撞折侍从的门牙，被御史弹劾。天圣五年（1027年），以刑部侍郎贬知宣州，后改知应天府。在此期间，他极重视书院的发展，大力扶持应天府书院，力邀范仲淹到书院讲学，培养了大批人才。该书院（又称"睢阳书院"）与白鹿洞、石鼓、岳麓合称宋初四大书院。这是自五代以来学校屡遭禁废后，由晏殊开创大办教育之先河。庆历三年在宰相任上时，他又与枢密副使范仲淹一起倡导州、县立学和改革教学内容，官学设教授。自此，京师至郡县，都设有官学。这就是有名的"庆历兴学"。

寡姐助弟散谷济人

骆统（193—228），字公绪，会稽乌伤人。官至濡须督，其父骆俊。陈寿评价骆统为："骆统抗明大义，辞切理至，值权方闭不开。"

三国时期，吴国的新阳亭侯骆俊是会稽人。他有一个名叫骆统的儿子，是庶出的，可是他侍奉大母亲十分恭敬。

有一年，年成很荒，本地的乡民和远方的客人都承受着饥饿，非常困苦。骆统就十分慷慨地送米施粥，去救济那些衰老和稚弱的人。他有个姐姐品行很好，做人又慈善，可是守了寡，也没有孩子。看见弟弟很辛苦、很忙碌，对他非常怜惜，屡次问他究竟为着什么缘故？骆统说："现在大家都在饥饿的时候，我哪里有心思独自吃着饱饭呢？"姐姐便说道："既然是这样，那为什么不和我商量，要自己苦到这般田地呢？"

姐姐马上拿出私自积下的粮食交给骆统，骆统在一天之内，就都散施完了。后来姐姐又去告诉母亲，母亲也很高兴，吩咐他继续去救助贫苦的人。

兄弟姊妹互相帮扶，同心协力，如同一人，才能使家庭更加和睦安康。骆统和他的姐姐都乐善好施，与人为善，这正是我们中华民族传统美德的充分体现！

骆统入仕

211年，孙权迁都秣陵，改名建业（今南京市）。他采纳文臣武将"分土治国，褒赏贤能"的建议，招纳四方贤士，加强对地方的管理，巩固东吴的政治和经济地位。由于骆统在地方上素有爱国爱民的好名声，故被孙权看中录用，授乌程丞相之职。

乌程，就是现在的浙江湖州一带，地域辽阔，百姓超过万户，是个大王国。乌程地势平坦，舟楫便利，是兵家必争之地。由于战事频繁，贼寇猖獗，百姓惶惶不得终日。当时不到20岁的骆统被安排在这样重要的郡国为官，足见孙权对他的器重和信任。

骆统在乌程为官期间，十分体恤民情，廉俭自律。他主张以民为本，提倡农耕与渔牧并重，把"政使惠风，举贤重良"当成教化的大事来抓；主张"以德亲百姓，以仁治天下，以勤政取信于百姓"。当地的百姓都交口称赞他心怀仁慈，恩德广被一方。

第二篇

兄弟扶助共成才

孔恺为官不屑裙带

孔恺（416—466），字思远，会稽山阴（今浙江绍兴）人。他"少骨梗有风力，以是非为己任"。曾历任散骑常侍、秘书监、廷尉卿、御史中丞等朝官，亦屡次出任宗室诸王的长史，佐其出镇方面，并同时兼任州、郡长官。

东晋南朝时期，随社会经济的发展，官员经商之风大盛，官员们经常利用赴任、还朝或探家的机会携带大量土特产进行交易。由于他们有免纳关税的特权，不惧沿途的关津盘查与重税勒索，而且经常利用的是公家船只，故获利要远高于一般商人。

官员经商虽在一定程度上起到了交流物资的作用，却影响了正常的商业往来，破坏了民营商业的进行。加上部分官员贪利，利用特权以牟求暴利，损害了百姓与商人的利益，而且影响执行政务，还助长了上层社会的奢靡之风。因此，南朝宋孝武帝刘骏曾下诏："贵戚竞利，兴货廛肆者，悉皆禁制。"光禄大夫谢庄进一步提出应禁止官员经商："臣愚谓大臣在禄位者，尤不宜与民争利。"但这种诏书多是官样文章，起不到多大实效。然而，南朝宋的孔恺则以真正行动来管束其兄弟经商。

　　孔恺不治产业，虽然身居高位，但平常生活相当贫困，他也不以家中丰俭为意。而且他"性真素，不尚矫饰，遇得宝玩，服用不疑，而他物粗败，终不改易"，被当时公认为是清廉节俭的典范之一。他不仅自己持身甚严，对家中子弟的行为也十分注意。

　　孔恺的弟弟孔道存与从弟孔徽，都喜经营产业，家中颇为富裕。一次，这两人请假回会稽探亲，孔恺到江边迎接，见到他们有辎重十余船，都是绵、绢、纸、席之类的物品。孔恺假作高兴，说："我比乏，得此甚要。"就命令将东西全部搬到岸上。然后，他正颜厉色地对孔道存等说："汝辈忝预士流，何至还东作贾客邪！"于是命令左右取火点燃，直到这些东西烧尽，他才离去。

　　宋孝武帝大明八年（464年），孔恺被召入朝任司徒左长史，由孔道存接替他担任后军将军长史、江夏（今湖北武汉）内史的职务。这时，吴郡（今江苏苏州）、会稽一带大旱，使得京都建康（今江苏南京）米价甚贵，达到一斗将近百钱。

　　孔道存知道孔恺素无积蓄，恐怕他缺乏粮食，就派属下官吏用船运500斛米送给孔恺。孔恺将官吏叫来，对他说："我在彼三载，去官之日，不办有路粮。二郎（指孔道存）至彼未几，那能便得此米邪？可载米还彼。"官吏说："自古以来，无有载米上水者，都下米贵，乞于此货之。"孔恺坚决不允许，官吏只好载米溯江而上。

■**故事感悟**

　　孔恺在江夏任地方长官3年，离任时竟没有路途中所需的粮食，其廉洁之风令人感叹。孔恺不仅自己做到安于清贫，对子弟的行为也决不漠然视之，对不清不白之物坚决不受。像他这样不拘于情面，不计较利益，不仅以言语，而且以实际行动管束子弟的做法，值得后世仿效。

元嘉之治

宋武帝刘裕死后，长子刘义符即位。两年后，辅政大臣徐羡之、傅亮、谢晦因嬉戏失德杀刘义符，立刘裕三子宜都王刘义隆为帝，史称宋文帝。宋文帝继续实行刘裕的治国方略，在东晋义熙土断的基础上清理户籍，下令免除百姓欠政府的"通租宿债"，又实行劝学、兴农、招贤等一系列措施，使百姓得以休养生息，社会生产有所发展，经济文化日趋繁荣。由是"三十年间，氓庶蕃息，奉上供徭，止于岁赋。晨出暮归，自事而已"，"民有所系，吏无苟得。家给人足，即事虽难，转死沟渠，于时可免。凡百户之乡，有市之邑，谣舞蹈，触处成群，盖宋世之极盛也。"宋文帝元嘉之世（424—453年），是东晋南北朝国力最为强盛的历史时期，史称"元嘉之治"。

鲁迅及其两个兄弟

> 鲁迅（1881—1936），浙江绍兴人，原名周树人，字豫山、豫亭，后改名为豫才。他时常穿一件朴素的中式长衫，头发像刷子一样直竖着，浓密的胡须形成了一个隶书的"一"字。毛主席评价他是伟大的无产阶级文学家、思想家、革命家，是中国文化革命的主将。他也被人民称为"民族魂"。

回首20世纪中国文化史，能以一家兄弟闪烁绵延其间而长盛不衰的，唯有周氏三兄弟。

大先生周树人，以"鲁迅"的笔名震撼文坛，一生桀骜不驯，四面为敌，斗争而终；二先生周作人，才华横溢，与世平和，像手工艺人一样日日雕琢，在纸笔之间，在一生荣辱之中，艰苦劳作，也成为一代大散文家、翻译家。在两位兄长的巨大光环下，三先生周建人自强自立，以牺牲自己而始，以尽职尽责而终，也在文化发展史上谱写了光彩的篇章。这三兄弟留下了许多谜，令后辈之人仰望，更令人期望寻找到其足迹，随其前行。

周家在绍兴生根700年，早已是巨姓望族。周树人的诞生为周氏一族增添了无限的喜悦，当然谁也没有想到，日后他会成为以笔名"鲁迅"闻名于世的文化大师，更不会想到这个老宅会在4年后再次诞生一个文化奇才周作人，7年后再出现一个文学家、民主政治活动家周建人。

周氏三兄弟本来还有一个弟弟和一个妹妹，但由于幼年早夭，最后只剩下兄弟三人。

仕宦之家的子弟总是自幼就要送去读书的，周树人和周作人两兄弟先后都进了离周家大院隔河相望的三味书屋。童年，他们一起读书，一起玩耍。

1893年，在北京任小京官的祖父周福清因考场行贿案被光绪皇帝判了死刑。父亲周凤仪变卖家产保下祖父，却使周家极速败落。周凤仪怕连累孩子，便把周树人兄弟安排到离绍兴城不远的大舅家。

1898年，周作人在杭州监狱里服侍祖父；周树人给母亲磕了一个响头后，离开了绍兴，去南京求学。周树人与两个弟弟感情至深，他在1900年2月写的诗《别诸弟三首》之一中说："谋生无奈日奔驰，有弟偏教各别离。最是令人凄绝处，孤擎长夜雨来时。"在周树人的提携下，周作人也于1901年来到南京，进入哥哥先前读过书的水师学堂。

兄弟相聚在南京不到一年，1902年，周树人便以第一等第三名的优异成绩毕业。这时恰逢江南选派留日学生，于是他漂洋过海去了东京。他在日本更加怀念家乡的兄弟，在给南京读书的周作人寄去近照时，照片背面有一行蝇头小字："会稽山下之平民，日出国中之游子。弘文学院之制服，铃木真一之摄影。二十余龄之青年，四月中旬之吉日。走五千余里之邮筒，达星杓仲弟之英盼。"他除了给周作人寄去《时务报》等大量刊物外，还给绍兴的周建人买了很多书。

1906年，远在故乡的母亲听说儿子在和日本女人谈恋爱，焦急地催促他回国完婚。母命难违，周树人只好回国娶了同乡一位普通人家的女儿朱安为妻。婚后第四天，周树人带着刚刚通过公费考试的周作人启程，东渡日本，一走又是3年。

此时，18岁的周建人在会稽县学堂毕业了，他已联系好去南京求学，准备有朝一日像两位哥哥一样东渡日本。但大哥周树人劝他留在家里，陪伴母亲，还许诺说："将来我和作人学成了，赚一个钱，都是大家合着用。我们兄弟友爱，将来永远生活在一起，永不分家。"于是，周建人留守在绍兴，在僧立小学当了校长。

在东京，周树人开始从事文学创作，写了《摩罗诗力说》《文化偏执论》等论文。周作人受到哥哥的影响，由工科改学日本古典文学和英国文学，翻译了英国哈葛德和兰格合著的小说《红星轶史》，书中的16节诗是鲁迅帮助译成的。兄弟俩还一起筹办《新生》杂志，共译《域外小说集》，并一起跟随章太炎先生学习《说文解字》。

周作人是次子，当他爱上一位日本姑娘时，母亲没有干涉。1909年，周作人和羽太信子的恋爱瓜熟蒂落，商定了结婚日期。为此，周作人既高兴、又烦恼。他的开销主要来自公费，一旦成亲，公费根本不够。为了成全弟弟的学业和家庭，周树人放弃去德国深造，回国谋事。1909年，周树人在老同学许寿裳当教务长的浙江两级师范学堂做生理和化学教师，每月收入甚微，"不足自养"，但他还是节衣缩食，给周作人寄钱。一年后，他转到绍兴府学堂，担任学监兼生理教师，收入增长，寄给周作人的学费也就增加到60元。

1911年，周树人去日本将周作人夫妇接回国。辛亥革命后，他就任山会初级师范学堂监督；周作人任浙江军政府教育司视学，继改任浙江省立四中教员，兼绍兴教育会会长。

次年，周树人受蔡元培的聘用，到北京任教育部教育司科长、金事。他住在宣武门外南半截胡同的绍兴会馆，利用业余时间辑录整理了《小说旧闻钞》《唐宋传奇集》等古籍。1915年，他花费大量精力辑成的《会稽郡故事杂集》曾用周作人名义印行。北上后，周树人除了在经济上继续接济周作人夫妇之外，还开始在事业上为周作人进行指点和帮助。周作人翻译了中篇小说《木炭素描》，但在投稿中华书局和《小说月报》连连碰壁，一时万分苦恼。周树人就为弟弟奔波，最后在文明书局出版。

1917年，辞去教育部长的蔡元培，手持黎元洪总统的委任状去北京大学走马上任。周树人特地向他推荐弟弟周作人，于是蔡元培聘周作人为北大中文系教授。

这一年4月1日，周作人一到北京便雇了洋车，直奔绍兴会馆。周树人在这一天的日记中写道：兄弟俩"翻书谈说至夜分方睡"。周作人的日记是："至四时睡。"由此可以想象，兄弟俩久别重逢，该是多么兴奋呀！

1918年5月，周树人在《新青年》杂志上发表了《狂人日记》，第一次使用了"鲁迅"这一笔名。当时中国文化界刚从文言文解放出来进入白话文，《狂人日记》是我国第一篇白话小说。周树人的笔名很多，有：LS、神飞、唐俟、某生者、雪之、风声、自树、索士、令飞、迅行等，但只有"鲁迅"这一笔名随着他的作品成名而成为闪耀光芒的字眼。

此时，周作人写出了《欧洲文学史》。可以说，这是中国第一部像样的西方文学史专著。鲁迅又连续发表了《孔乙己》《药》和《故乡》等新白话小说的开山之作；周作人则发表了《人的文学》《平民文学》《思想革命》等战斗性的文学论文，还写了"新诗中的第一首杰作"长诗《小河》以及《前门遇马队记》等散文。兄弟俩曾一起用"周绰"的笔名发表作品，以致鲁迅的《热风》中也将周作人的几篇杂感选进去。这段时间，兄弟俩并肩作战，一起有力地推动了新文化运动，成为文坛上冉冉升起的两颗巨星。

新文化运动给周氏兄弟带来了巨大的声誉，也带来稳定的高收入。然而此时，周家天南地北，生活上十分不便。北京两兄弟除了每月要给绍兴母亲寄钱外，还要负担周作人太太的日本娘家。为了改变骨肉分离的现状，实现10年前的诺言，鲁迅和周作人购买了体面的八道湾新宅。10天后，鲁迅雇了一条船，将母亲鲁瑞和三弟周建人夫妇接到北京。

以后的4年里，鲁迅先后应聘到北京大学和北京师范大学讲述中国小说史课程，他的讲义辑成了《中国小说史略》。同时又发表了有划时代意义的中篇小说《阿Q正传》，出版了短篇小说集《呐喊》。《阿Q正传》发表后，第一位撰写评论文章的是周作人。他以文学理论家的身份说，《阿Q正传》是一部讽刺小说，阿Q是中国传统的结晶，是一个民族的典型。

此时，周作人自己致力于写新诗。他和朱自清等8人的新诗结集为《雪朝》，于1922年在上海商务印书馆出版，有些诗则收入后来出版的诗集《过去的生命》中。同年，他还与郑振铎、耿济之等人一起筹组了文学研究会。

20世纪20年代初，周建人也厚积薄发。他进入北大哲学系，甘做一名旁听生去学习。1922年，周建人联合二哥周作人和胡愈之，组建了"妇女问题研究会"。他翻译的《性与人生》成了中国性科学的启蒙读本，他撰写的《性教育》是中国第一部全面论述性教育的教科书。周作人在西山养病期间，还帮助他校阅译稿。周建人翻译的短篇小说《犹太人》，是经过两位哥哥仔细校阅的，周作人还写了附记，这才得以让小说在《小说月报》上发表。

但是，严重的危机恰好潜伏在美好的生活之中。八道湾这所大宅子名义上的主人是鲁迅，但周家的财政大权由周作人的太太羽太信子掌管，鲁迅必须把每月的收入全部交给信子处置。不过，鲁迅倒没有觉得这种体制有些过分和碍手碍脚，反倒是信子觉得这位名义上的主人有些多余，甚至可疑。

在新文化运动中，鲁迅和周作人本是一体形象，但到了八道湾时期，周作人在文坛上的地位日益升高。由于他的背景是北大教授，所以，无论是社会地位还是工薪收入，都远远超过鲁迅。这段时间的日记里，鲁迅的活动记录明显减少，兄弟之间的隔阂潜移默化地增长。恰在此时，教育部接连5个月发不出薪水，鲁迅随愤怒的同事们到财政部集体静坐，最终只是领到无法兑现的空头支票。信子从鲁迅那儿收到的钱少了，便怀疑鲁迅私蓄。而羽太信子早已自视为"名教授的太太"，忘记了自己穷苦的出身，出门必坐汽车，买来的东西必须是日货，仅家里雇用的管家和工仆就有8人之多。大家庭的收支逐渐失衡。

1921年早春，周作人患病住院，鲁迅一次借了700大洋，相当于两个月的薪俸。如此沉重的生活负担，使得鲁迅的心情糟透了，他甚至无钱买烟，那是他熬夜写作必不可少的工具。这时，鲁迅开始经常提醒信子节约用度，勤俭持家。信子表面不言，心里却是一肚子怨气。兄弟三人中，周建人尚在北大哲学系读书，没有收入上缴，反倒每月有支出。在绍兴时，周建人对信子的妹妹芳子产生了爱情，结为伴侣。一对姐妹嫁给一对兄弟，本是亲上加亲，但此刻，周建人暂无建树，因而经常遭到芳子和信子的白眼。他决定离开北京，自强自立，周作人请胡适出面推荐周建人到上海商务印书馆编译所当了校对员。周建人的出离，成为大家庭破裂的先兆。

周作人喜欢安静地看书，对家事表现出明显的疏懒。正是由于这个弱点，他第一个被信子征服。凡有什么事丈夫不愿做，信子便闹个不停，让他无法读书，直至迫使他俯首贴耳。有一次，周作人告诉鲁迅，要把岳父岳母从日本接来，鲁迅表示反对，认为多年寄钱供养他们已是仁至义尽；何况信子的父母还有别的子女，何必非要到中国来！周作人很不高兴，因为完不成这个任务，他便在太太那里没有好日子过。果然，信子开始大声告诫孩子们，不许搭理那个"孤老头"，不许吃他的东西，让他冷清死！她还对周作人说，鲁迅常在他们的卧室窗下偷听，这是兄长的不检点。

1923年7月19日，周作人把一封绝交信丢给鲁迅，写道："鲁迅先生：我昨日才知道——但过去的事不必再说了。我不是基督徒，却幸而能担受得起，也不想责难——大家都是可怜的人间。我以前的蔷薇的梦原来都是虚幻，现在所见的或者才是真的人生。我想订正我的思想，重新进入新的生活。以后请你不要再到后边院子里来，没有别的话。愿你安心，自重。7月18日，作人。"

鲁迅想要问个究竟，可周作人不作答。从此，周作人不再邀请鲁迅一起吃饭。8月2日，鲁迅再也受不了充满火药味的家庭气氛，决定搬出八道湾，迁入西四砖塔胡同61号暂住。

转眼到了1924年初夏，鲁迅最后一次回八道湾，想取走自己的东西，却遭到周作人夫妇无情痛骂。风波过去后，两兄弟极力避免正面接触，但在各自的文章中经常有对此事的隐秘影射。

1930年，周作人升任北大日语系主任，仍在中文系教课。虽然他的学术地位更加显赫，但已退出社会活动，成为红尘中的隐士，只是教书育人，组织家庭生活。在东瀛磨刀霍霍之时，他仍有着割舍不断的日本情结。

此时，面对内忧外患，鲁迅已不再是一般的时政批评家。他用犀利的文笔表达出对国家命运的关注，在击溃无数对手的过程中确立了作为社会良心和青年导师的地位。

1935年10月19日，听闻红军长征到达陕北，鲁迅委托美国记者史沫莱特给毛泽东和朱德发去贺电说："在你们身上，寄托着人类与中国的将来。"

同样是在1935年，50岁的周作人发表《五十自寿诗》，引发了20世纪30年代左翼青年对自由知识分子的思想批判。在这次激烈的交锋中，只有曹聚仁站出来，为周作人辩护。

知子莫如父，知弟莫如兄。曹聚仁的观点引起了鲁迅的注意。在给曹聚仁的私人信笺中，鲁迅说周作人的"自寿诗"确有"讽世之意"，只不过在乱世中仅仅是微辞，无法撩动青年，而且"文人美女，必负亡国之责"。周氏兄弟南北相隔，两人之间再次出现或明或暗的碰撞。鲁迅认为，周作人等提倡的小品文是文学上闲适的"小摆设"，不符合时代和环境的要求；而在周作人看来，鲁迅的杂文是"祭品"，也不过是一种摆设。在这一年里，他写了《阿Q的旧账》《老人与胡闹》等很多文章，含沙射影地攻击鲁迅。鲁迅此时没有太大精力与周作人论战，他正因为好友瞿秋白的被捕杀事件而愤慨，开始着手收集和整理瞿秋白的遗著。他一手操办瞿秋白的译文集《海上述林》，生前上卷问世，下卷印成是在他去世以后。

在对待日本的态度问题上，周作人受信子的影响，把日本视为第二故乡。苦于无法与周作人直接交流，鲁迅只得找周建人商量，希望二弟也能到南方来。随后，他亲自给八道湾的门客章廷谦写信，委婉转请周作人南下。然而遗憾的是，周作人没有丝毫反应。

1936年10月19日清晨，鲁迅与世长辞，享年55岁。

鲁迅的棺木由36位政见不同的作家抬着，大上海万人空巷，群众自发的送葬队伍绵延数千米。有些人一面鞠躬一面眼泪"刷刷"地流下来。这些人有老的、有小的，尤其是年轻学生。这情景让人想象不到，所以搞得巡捕房很紧张，怕出暴动，所以他们骑着高头大马，在两边押道。在1万多名送葬者悲怆的《安息歌》中，鲁迅的棺木沉入大地。沈钧儒题写的"民族魂"3个大字却长久地留在了中国人的记忆中。

消息传到北京，周作人没去上海，却在北大法学院礼堂参加了纪念会。鲁迅病逝第二天，周作人恰好有一堂《六朝散文》课，他没有请假，而是挟着一本《颜氏家训》缓缓地走进教室。在长达一小时的时间里，周作人始终在讲颜之推的《兄弟》篇。下课铃响了，周作人挟起书说："对不起，下一堂课我不讲了，我要到鲁迅的老太太那里去。"这个时候，大家才看到周教授的脸色是如此幽黯，让人觉得他的悲痛和忧伤不是笔墨所能形容的。他不哭，所以没有泪，但眼圈是红热的。

虽然周作人与鲁迅长期失和，但看到鲁迅在新中国备受尊崇，他便利用自幼至长熟悉鲁迅的有利条件，用周遐寿的别名，写了不少有关鲁迅的文章在报刊上发表，结集的有《鲁迅的故家》《鲁迅小说里的人物》和《鲁迅的青少年时代》。20世纪60年代他又写了一部《知堂回想录》。

1962年，信子与芳子先后去世，八道湾呈现了萧条凄凉的景象。1967年5月6日，周作人趴在八道湾的临时铺板上猝然死亡，享年83岁。

周氏三兄弟都走进了历史，他们与20世纪的百年文化史，给后世留下了无尽的回味和思索。

周氏三兄弟的一生都是坎坷的，他们对中国近代文坛都产生了深远的影响，指引了一代人的思潮。周氏三兄弟的事迹不但让我们看到了兄弟间情谊的宝贵，也看到了世事变迁对兄弟之情的深刻影响。

■史海撷英

鲁迅病逝于上海

1936年10月19日，鲁迅先生因肺结核病逝于上海。上海上万名民众自发举行公祭、送葬，并将鲁迅先生葬于虹桥万国公墓。在他的灵柩上覆盖着一面旗帜，上面写着"民族魂"三个字。1956年，鲁迅遗体移葬虹口公园，毛泽东为重建的鲁迅墓题字。

生前，鲁迅曾立下遗嘱：一、不能因为丧事收任何一文钱，但朋友的不在此例。二、赶快收敛、埋掉，拉倒。三、不要做任何关于纪念的事。四、忘掉我，管自己的生活；倘不，那就真是糊涂虫。五、孩子长大，倘无才能，可寻点小事情过活，万不可去做空头文学家或美术家。六、别人应许给你的事物，不可当真。七、损着别人的牙眼，却反对报复，主张宽容的人，万勿和他接近。

鲁迅一生的著作和译作近1000万字，其中杂文集共16本。其中《风筝》《故乡》《孔乙己》《诗二首》选进二期课改教材初二下册。《从百草园到三味书屋》选进二期课改教材初一上册。《从百草园到三味书屋》《阿长与山海经》《风筝》《雪》《藤野先生》《社戏》等都被选入初中人教版语文课本。《朝花夕拾》一书也成为中学生的必读书目之一，而他的小说集《呐喊》《彷徨》也成为后代人的精神佳作。

鲁迅诗两首

自题小像

灵台无计逃神矢，风雨如磐暗故园。
寄意寒星荃不察，我以我血荐轩辕。

自　嘲

运交华盖欲何求，未敢翻身已碰头。
破帽遮颜过闹市，漏船载酒泛中流。
横眉冷对千夫指，俯首甘为孺子牛。
躲进小楼成一统，管他冬夏与春秋。

庾衮看重手足情

庾衮（生卒年不详），字叔褒，明穆皇后伯父。少履勤俭，笃学好问，事亲以孝称。

晋代明穆皇后的伯父庾衮，年少时勤俭好学，孝顺父母。咸宁年间流行传染病，他的两个哥哥相继离世，另外一个哥哥庾毗也快死了，父母诸弟都往外躲，唯独他不肯离去。家人硬要他出去，他坚决不肯走，昼夜不睡，侍奉哥哥。在此期间，还按时给死者举行祭礼。如此日复一日，持续了100天左右。后来传染病过去了，家人才回来，庾毗的病也逐渐好起来。父老们都称赞他的高尚品德。

庾衮的叔叔伯伯们都很富有，只有他父亲贫穷。庾衮亲自种地，奉养父母。父亲死后，他卖篱奉养母亲。母亲见他太辛苦，就说："我不需要吃好的。"他说："母亲若不吃好，我心里不安。"他的前妻苟氏、继妻乐氏都是世家大族之女，但都能舍弃华丽，跟他一样辛勤操作。他抚养哥哥遗下的孤儿，非常慈爱，对寡嫂们也十分尊敬。外甥郭秀是孤儿，他尽心抚养，衣着都比自己子女的好。侄女庾芳临出嫁时，妆奁置备得很齐全；又割荆箐扎成扫帚，把所有子侄们都召唤来，对庾芳说："芳啊，你从小就是孤儿，对于做活计我从来不计较你。现在你要出嫁了，不比在家，侍奉公婆丈夫和洗衣做饭等，是妇女应尽的义务。所以我特意送你这把扫帚，它虽不是什么贵重之物，但是它蕴含着我对你的期望。"

■故事感悟

庚衮对人忠厚诚挚，在闹瘟疫时，别人都唯恐躲不及，而他为了照顾生病的哥哥，不怕传染，直到瘟疫过去。这种能与手足同甘共苦的精神感动着我们，是我们学习的榜样。

■史海撷英

晋王渔利

后梁贞明元年（915年）三月，后梁天雄节度使杨师厚去世，后梁末帝朱瑱心里非常高兴。以前他忌恨杨师厚，却又无可奈何，现在杨师厚死了，他唯一顾虑的就是魏州的军队。这对梁王朝来说，是极大的隐患。

租庸使赵嵒和判官邵赞向朱瑱提出建议，把魏博六州分为两镇，削弱那里的势力。他们分析说："200年来，魏博一直处于割据状态，因为那里的势力过于强大，朝廷很难控制。乘杨师厚去世的时机，陛下应马上采取措施，否则新任的天雄节度使还会成为第二个杨师厚。"

朱瑱认为言之有理，就割出澶州、卫州，隶属相州，任命原宣徽使张筠为昭德节度使；另外又把魏州的将士和财产拿出一半分给相州。魏州的天雄节度使则由平卢节度使贺德伦担任。

魏博六州一分为二，府库财产和军队自然也要分成两部分。朱瑱担心魏州将士不服，为了防备不测，特派开封尹刘鄩统率6万大军以讨伐镇州、定州为名，从白马渡过黄河以震慑魏州军队。

天雄节度使贺德伦上任后的第一件事，就是催促划给相州军队的将士尽快离开魏州。但魏州将士几百年来都是父子相承，家族与家族之间联姻缔亲，盘根错节，乡土观念十分强烈，他们根本不愿意骨肉分离。所以魏州百姓无不怨恨，军营中的士兵也都聚在一起失声痛哭。

刘鄩见魏州局势动荡，害怕发生兵变，就派澶州刺史王彦章率领500名骑兵进入魏州，驻扎在金波亭。

魏州士兵被激怒了，他们纷纷议论说："朝廷一向忌恨我们，想瓦解我们的力量。我们6个州历代都是一个藩镇，一旦骨肉分离，简直是生离死别。"就在王彦章进驻魏州的当天晚上，魏州军队终于发生暴乱，愤怒的士兵包围了金波亭。王彦章奋力拼杀，好不容易才杀出一条血路逃出去。

第二天早晨，乱兵拥进牙城，杀死贺德伦的500多名亲兵，劫持了贺德伦。整个魏州城陷入一片混乱之中。一个名叫张彦的军校挺身而出，率领自己的士兵维持秩序，制止魏州军队的骚乱。

张彦代表魏博六州要求朱瑱收回成命，朱瑱下诏书委婉地表示拒绝。张彦气愤地撕毁诏书，大骂朝廷，并对贺德伦说："天子愚昧昏庸，毫无主见。我们的军队虽然很强大，但如果没有外援，仍然势单力孤，不能自立，我们应当投靠晋王。"

说完，硬逼着贺德伦给晋王李存勖写信求援。

李存勖接到贺德伦的信后，亲自率领大军奔赴魏州。他害怕有诈，所以到达魏州附近以后，不敢贸然进兵。贺德伦主动派使者前去慰劳晋军，并让使者向李存勖告状，说张彦是祸根，要求李存勖除掉他。当张彦拜见李存勖时，李存勖果然杀了张彦。贺德伦非常感谢李存勖，把天雄节度使的印玺符节奉献给李存勖。魏博六州从此归属晋王。

朱瑱得知李存勖坐收渔人之利，气得浑身发抖，这时他才对分割魏博的决定后悔不已。

张大千兄弟相互扶助

张大千（1899—1983），四川内江人，祖籍广东省番禺。他是一位深受爱戴的伟大艺术家，特别在艺术界更是深得敬仰和追捧。

张大千是20世纪中国画坛上最具有传奇色彩的国画大师，无论是绘画、书法、篆刻、诗词，他都无所不通。在古稀之年，他的画风变革，其泼墨、泼彩画艺开创了中国画艺术的新风格。他以"从心所欲不逾矩"的境界名扬世界，进入了国际级大师之列。而他的引路人，二哥张善子则以画虎著称于世，抗战时期的宣传画以特有的形式在海内外引起了巨大的轰动，赢得了"世界绘画大师"的称号。

一家出了两个世界级的画坛大师，除了让世人惊叹外，还必然会让人更有兴趣去了解他们兄弟是怎样相互促进、共同成长的。

1899年5月10日，四川内江市安良里象鼻嘴堰塘湾一个农户家庭中，里外围满了人，人们争着去围观新生的婴儿。其实，这个孩子生下来除了头大外，与其他孩子并没有多大差别。不过，因为他生前就有了神奇的传说，结果引起了亲朋好友、邻里乡亲的好奇。

产妇叫曾友贞，是一个心灵手巧的民间剪纸艺人，丈夫张忠发是个老实巴交的小商人。

在临盆前的一个夜里，曾友贞做了一个梦。梦里，一个白发仙人送给她一个大铜锣，耀眼闪光，她只见铜锣上有一堆黑色的东西，看不清楚。她问："仙长，这是什么？"仙长说："黑猿。"并叮咛她要小心照顾黑猿……

婴儿出生后，父亲为他取名叫张正权，又名爰（与"猿"同音），字大千。

张大千出生在一个兄弟姐妹众多的大家庭中，排行第八，上边的大哥、五哥、六哥和一个姐姐早夭。活下来的兄弟姐妹有老二张正兰，字善子；老三张正齐，字丽诚；老四张正学，字文修；还有一个大姐张正恒和幺弟张正玺。

从感情上说，张大千与大姐、幺弟最亲密，他幼年随大姐读书识字、学习画画；又携幺弟张正玺上小学、中学。可惜大姐婚后因夫妻不和郁郁而死，幺弟刚过20岁就因恋爱风波跳海自尽，这给张大千留下了一箱子触景生情的遗物、遗墨。

老三张丽诚经商，经济上为张大千求学、赴日本学习，以及在上海拜师学书提供了不少帮助；老四张文修早年在资中教过私塾，后行医。张大千曾随四哥就读过，在诗文上得益颇多。

但是，在家庭成员中，对张大千影响最大的、最重要的莫过于二哥张善子。从某种意义上来说，没有张善子，就没有后来的张大千。

张善子出生于1882年，比张大千大17岁。他自幼热爱美术，先后拜傅曾湘、曾熙为师，从书法入手，兼习古文，主功绘画。1905年，他加入同盟会，同年入日本明治大学经济科，后改读美术专修科；1907年，回国任四川省咨议局议员，曾任蜀军第一师第二旅少将旅长，率部参加反袁讨袁斗争。后应四川地方政府之聘，出任乐至、商都县知事等职。1922年，他奉调入京，曾任总统府咨议、国务院咨议等职。

由于家中老大早夭，张善子在家中的地位相当于老大。俗话说"长兄若父"，张大千对张善子确实有"惮之若严父"的敬畏心理。

青少年时代的张大千，从喜欢绘画到立志以绘画为业，与家中父母的意见存在着很大分歧。母亲在内江是一位颇负盛名的民间艺人，擅长工笔单线白描花鸟，人称"张画花"。她曾以刺绣、剪纸为业，维持全家的生活。几个孩子也多受母亲的影响，跟着学过绘画，张大千也不例外。少年时代的张大千喜欢绘画，但是在母亲看来，绘画毕竟是一种游戏，是画着玩的。从心底里来说，她是不愿意自己的儿子像她一样，做一个靠画画为生的民间艺人，因为她深知民间艺人的艰难。

1916年，张大千到重庆求精中学读书，放暑假时回内江途中与同伴一起被土匪绑去。土匪把他们当肉票，要他们写信回家去勒索钱。土匪头目看到他的字好，赞赏地说："这娃儿字写得漂亮，我看留他作黑笔师爷好了！"虽然张大千不肯，但在生死关头也由不得他。

有一回，张大千被迫跟着土匪去抢劫，他站在一旁看热闹。土匪中有人警告他说："你也要动手拿东西，否则要犯忌讳的，黑道上的朋友不能空手而回。"张大千看看四周，有不少书，就在书房里拿了一部《诗学涵英》。另一个土匪马上训他："什么不好抢？怎么抢书？'输'是犯忌的。"逼他换别的，他只得将墙上挂的四幅《百忍图》和《诗学涵英》一起带走。后来，这本《诗学涵英》也真派上了用场，张大千学作诗就是从这本书开始的。

后来，这帮土匪接受了招安，土匪头目老康被改编作了"赵连长"，张大千当了司书。过了一个多月，地方军队来打赵连长，把整个连都消灭了。张大千被捕后才知道，当时地方军队虽说招安土匪，但绝不是真的信任土匪。等到一有机会，安排妥当了就围剿。所幸，张大千被捕后不久，他的四哥就赶来营救他，结束了前后整整100天的绑票。

在这场历险以后，父母决定让张大千跟赴日本的张善子学艺，去日本学习染织，将来回国办厂或做生意。于是，张善子携带张大千离开内江，途经上海。在上海期间，张大千观看到一些画家的画展，萌生了当画家的想法。他向二哥张善子提出，欲留在上海学习书画，不想赴日本学染织。这时，张善子写信征求父母的意见。父母一致反对，张善子也未表示支持张大千学绘画。

在日本的求学时期，兄弟俩朝夕相处。张大千学的是染织，可是课余仍坚持自学绘画、学诗、学治印。张善子在此时忽然发现八弟张大千在绘画上很有灵气，是一块学画的材料，他开始支持张大千进行绘画练习，对张大千所需的金石书画材料及参考资料莫不搜求以供，并经常给予指点，使张大千获益甚多。以后，张大千常对人说道："我之所以绘画艺术有成就，是要感谢二家兄的教导。"

1919年，张大千毕业于日本京都公平学校。按理说，张大千回国后，应该谋取一个与染织有关的职业，可他回内江后，仍向父母提出要到上海拜师学习书画，家中父母依然反对。

张大千回国的主要原因是为祭吊他的未婚妻——大他三个月的表姐谢舜华。据说，谢舜华长得美丽清秀，贤惠温柔，和张大千是青梅竹马。张太夫人见他俩这么投缘，就在他俩10岁时给他俩定了亲。谢舜华一直很体贴张大千，订婚之后尤其关心。有一天，二哥张善子为兄弟们讲课，他叫张大千背书，张大千因为贪玩背不出来。在对面屋里的谢舜华担心张善子会责罚张大千，就把书上的字写在自己的左手掌上，给张大千提示。可是很快就被张善子发现了，两人一起挨了戒尺。

谢舜华在20岁时，因患干血痨而与世长辞。她的病逝对张大千来说是个沉重的打击；加上自己不能按意愿选择职业，他对人生十分失望，于是立志出家。他先到上海松江的禅定寺，可当住持逸琳法师要为他烧戒时，他迟疑了。他和老法师辩论烧戒这一规矩，认为"我信佛，又不是囚犯，何必要烧戒？"老法师说："你既在中国，就应遵奉中国佛门的规矩。举例说，信徒如野马，烧戒如笼头，上了笼头的野马，才驯成良驹。"两人辩论了一夜，张大千还是觉得不能接受烧戒。第二天在举行剃度大典前，他悄悄地离开了禅定寺，去投奔西湖灵隐寺。

在灵隐寺寄住了两个月，张大千觉得和尚不能做，尤其是没钱的穷和尚更不能做。同时，不烧戒永远会被看成野和尚，他写信给上海的朋友诉说心中的苦闷。朋友回信，劝他住到上海附近的庙里，可以经常和朋友谈书论画，并表示已为他找好两处庙宇，约好某月某日在上海火车站北站接他，陪他去庙里。

当张大千在北站下车时，正想找朋友，忽然看到二哥张善子。张善子说："八弟，你让家里人为你急……"原来朋友"出卖"了他，用电报通知了张善子。张善子特地从四川赶来，好说歹说地把他劝回了家。回四川后，母亲和兄弟为他安排了新婚之仪。那年，张大千22岁，娶妻曾庆蓉。

张大千完婚之后，张善子做通了父母的思想工作，让张大千重返上海去学画。张大千先拜入曾熙门下，学写书法。其后，再拜入李瑞清门下，学习绘画。两位老师的风骨和教诲，对30岁以前的张大千有很大的影响。

1922年，张善子在京城曾画一虎，标价1200元。这在当时是一笔了不起的巨款，因而引起轰动。许多人来观看，然而却大失所望，评头论足，意见纷纷。有的人毫不客气地说：他画的不是虎，而是猫。于是背地里有人戏称他"张猫猫"。此事给张善子极大的刺激与启发，他决心下功夫苦练。他不仅研究古人画出的各种虎图，还特地买了一只老虎饲养起来，日夕观察，临虎作画。10年后，他在京城再次开画展，一幅副丈二巨虎图《黄山神虎》吸引了无数人前来观看。画面上，白云霭霭，寒风萧瑟，瀑布飞溅，一只巨虎从山顶猛扑下来，怒目张牙，虎威逼人，如闻狂吼……此画本为非卖品，但不少人争着要买，最后被人以2000银元购去。此事震动了全国艺坛，江东杨云史先生特写诗为赞："画虎先从养虎看，张髯意态托豪端，点睛掷笔纸飞去，月黑风高草本寒。"自此在画界中有不少人称他为"张老虎"。

1925年，张善子由于痛恨官场腐败黑暗，辞去官职，潜心研究画艺。他参加了"寒三友社"，曾任上海美专教授。当张大千在上海拜曾农髯、李瑞清为师学书法时，张善子在画坛上已有了不小的名气——他是一个较全能的画家，山水、花鸟、人物无所不画。

张善子与张大千先后两次同上黄山，一起画过不少以黄山为题材的山水。

不过，张善子的主要绘画成就还是在画虎上。他笔下的虎，因地因时不同，而赋予各种不同的象征意义，这可以从他的代表作《十二金钗图》《怒吼吧！中国》看出来。

1930年初夏，张善子与贺天健等人创立了"蜜蜂画社"。这年，他创作了第二套金钗图。

如果说张善子的《十二金钗图》以题材新颖、寓意巧妙，以及张善子以养虎、画虎的"虎痴"的"知名度"而博得了大富商和收藏家垂青的话，那么，在抗日战争期间，他以虎来象征怒吼的中国，一而再、再而三地画虎来唤醒中国军民，对振奋民族精神，号召国人同心合力杀敌起到了不可估量的宣传作用。他周游欧美近两年，以抗战为主题，开了近百次画展；在展厅中义卖义捐，赈济抗战中的难民，从而使张善子的知名度更加高了。这一时期他创作的作品较多，《怒吼吧！中国》可为其代表作。

众所周知，1937年卢沟桥事变是日寇向中国发动全面侵略战争的第一枪，紧接着日寇又在"八一三"事件中侵占了上海。当时的张善子、张大千兄弟，一个在苏州准备携家避难，一个被日寇困陷北平。张善子在"八一三"事件后，为了不当亡国奴，毅然弃家产和收藏，携带妻儿，由苏州网师园向安徽郎溪避难。到郎溪后，他曾对友人说道："丈夫值此机会，应国而忘家。此次我来郎溪，生平收藏存在苏州网师园内，皆弃之如土。以今日第一事为救国家于危亡，万一国家不保，（个人）虽富而拥城，又有何用？恨吾非猛士，不能执干戈疆场，今将以吾画笔，写出吾之忠愤，来鼓荡志士，为海内艺苑同人倡！"

不久，郎溪又告急，张善子又率家人冒着日机的轰炸，沿芜湖、安庆、九江，于九月中旬抵达汉口，暂住在汉口旅社内，并常与郭沫若等进步人士来往。其时，中国抗日统一战线已经形成，全国军民一致抗日的呼声日渐高涨。就是在这种形势下，张善子在旅社内构思了《怒吼吧！中国》，而真正动手创作则在十一月间。当时，他已从汉口搬到宜昌，住在他的三弟张丽诚开办的"振华布店"中。在布店中，他忽然灵机一动，何不就地取材，用白布代宣纸作此巨幅大画？于是他请店中的伙计缝制了一幅长二丈、宽一丈二尺的白布作为画布，挥毫创作了这幅巨作。画中他绘了28只斑斓猛虎，奔涌猛扑一轮日薄西山的落日。28只猛虎是暗示当时中国的28个行省，落日则代表了日寇。画完后，他又在右下角题道："雄大王风，一致怒吼！威撼河山，势吞小丑！"

在这段时期，他不仅画猛虎，而且还画雄狮、画历史人物。他的巨幅雄狮图《中国怒吼了！》，历史人物画《苏轼牧羊》《精忠报国》《文天祥正气歌》以及四维八德人物画像等展出后，均受到了广大军民的强烈反响。尤其是《中国怒吼了！》画了一头巍巍雄狮狂吼于日本富士山上，并且抄录了一首新体诗，表达了中国军民"万众奋起，步伐整齐，不收复失地不休"的英雄气概。这幅画还被印成图片和大批宣传画一起送到前线，起到了很好的宣传鼓动作用。当时的美术界采用各种绘画形式来进行抗日宣传，而张善子则采用中国画的形式来宣传抗日，并且收到了较好的宣传效果。这在当时的中国画家中，是为数不多的。

张善子对其弟的支持，表现在不断地携带当时还名不见经传的八弟出入上海滩的文人雅集，利用各种场合把八弟引荐给艺苑前辈名流，诸如陈散原、傅正湘、黄宾虹、柳亚子、叶恭绰、朗静山等人。1932年，张大千与二哥同住在苏州网师园的8年多时间，兄弟俩经常在一起切磋画艺，相互长进。

毋庸讳言，在中国画要不要以宣传画的形式为抗日战争服务的问题上，张氏昆仲是存在着一定的分歧的。张大千似乎更倾向于为艺术而艺术，国画就是国画，不掺和政治。因此在这段时期，从他的作品中很难发现像张善子那样直接运用中国画的形式来宣传抗日的风格。但是在一些作品的题诗和题跋中，又可隐隐约约地看到他曲折的、借古讽今的抗日救国的心声。诸如，他与其兄合绘的《双骏图》中，张善子开宗明义题上"忠心报国"4个字，张大千则题诗道："汉家合议定，骄马向天嘶。何日从飞将，联翩塞上肥。"

应该说，张善子较好地采用中国画的形式为中国的抗战服务，取得了特别的成功。他的作品不仅受到了国内各阶层抗日人士的欢迎和赞美，而且当他1939年在欧美各国巡回展出作品时，也受到了朝野人士和艺术界人士一致的赞颂。他们在报刊上除了赞颂他的爱国热情外，也赞颂他熟练而高超的绘画技艺，有的还称他为"伟大的绘画大师"。

张善子出国奔波宣传了近两年，举办了100多次画展，演讲不计其数，前后所募得款项达100多万元，其中义卖画虎得十余万美元。他把这些钱都汇回国内，支援祖国的抗战事业。对此，当时的《新华日报》《大公报》等均对张善子的高尚品德和赤诚的爱国主义精神给予了很高的评价。1940年9月2日，当他抱病到达香港时，除了携带的展品之外，已经身无分文了，最后还是在香港友人的资助下才踏上了归程。由于长期劳累过度，在同年10月20日，他溘然长逝于重庆歌乐山，享年58岁。

张善子死后17年（即1957年），张大千在欧美举办的画展中，也赢得了"世界绘画大师"的称号。尽管张氏昆仲赢得"绘画大师"称号的方式有所不同，一个主要是以作品中的爱国主义精神，另一个主要是以中国画的艺术特色；前者侧重于思想性，后者重在艺术性。由此可见，人们在不同时期，评审艺术作品的标准也会出现因时因地因人的不同而不同。十分巧合的是，这种不同的标准，在张氏昆仲身上先后得到体现，殊途而同归。张氏昆仲在不同时期，以不同倾向的中国画作品，赢得了部分欧美人士赠予的"绘画大师"的相同称号。

周游世界各国时，张大千在美国接受了加州太平洋大学赠予的荣誉博士称号和洛杉矶政府授予的荣誉市民称号。在有些国家，张大千住得很久（如在巴西），但他从未向这些国家提出过入籍要求，他始终保持着华夏子民的身份。

"梁园虽好，不是久恋之家。"1976年，张大千决定去中国台湾定居。1982年3月初，一位美籍人士从长江三峡入川访问后，到台北去访问张大千，赠送了一份他渴望的珍贵礼物———一包"故乡成都平原的泥土"。手捧泥土，张大千热泪纷纷留下，并把泥土供奉在先人灵位前。一勺水、一撮土，只要是来自故乡的，无不牵动着张大千的心。

20世纪80年代初，张大千已临人生大限，他已过了80岁高龄。这些年常有子女或子侄从内地到香港或到美国，想到台湾拜见老父，可都不能如愿，只能用越洋电话互诉思恋之情，这也常使他老泪纵横。1983年4月2日，张大千逝世，终年85岁。

■故事感悟

张大千与张善子兄弟二人各有擅长，为中国画坛留下了宝贵的艺术杰作，也为弘扬中国文化艺术作出了突出贡献。他们两兄弟互相扶持，为了艺术贡献出了自己的宝贵一生，值得赞扬。

■史海撷英

张大千画螃蟹脱身

1937年，日军发动卢沟桥事变，占领北平。后来日本兵封锁颐和园，把园中居民赶到排云殿前。日军一名大佐把留有大胡子的张大千认成是国民党监察院长于右任，要将他押到宪兵队去。张大千辩解说："于右任是书法家，不会画画；我是张大千，是画画的，不信我画给你看。"日军大佐点了点头。于是，张大千便打开画夹，提起画笔，蘸着墨汁，几笔就勾出了一只大螃蟹，舞爪瞪眼口吐白沫。此时，日军大佐知道他确是著名画家张大千，便皮笑肉不笑地说："你不要走的，留着画画的好。"正在这关键时刻，杨宛君乘坐红十字会的汽车闯入园中，紧跟着穿白大褂的大夫走过来说："不行，他患了传染性肝炎，会传染的。请你们离开吧，医院已派专车来接他了。"日本大佐一见此情，立刻慌了手脚，想他也跑不了，一挥手，宛君和大夫便挽着大千登上救护车飞快地走了。事后，张大千十分佩服杨宛君处变不惊、有勇有谋的胆量。

国画（宣画）

国画是用颜料在宣纸、宣绢上的绘画，是东方艺术的主要形式（薛宣林定性）。从美术史的角度讲，民国前的都统称为古画。国画在古代无确定名称，一般称之为丹青，主要指的是画在绢、宣纸、帛上并加以装裱的卷轴画。近现代以来为区别于西方的油画（又称西洋画）等外国绘画而称之为中国画，简称"国画"。它依照中华民族特有的审美趋向及因此而产生的艺术手法而创作。

国画在内容和艺术创作上，反映了中华民族的民族意识和审美情趣，体现了古人对自然、社会及与之相关联的政治、哲学、宗教、道德、文艺等方面的认识。国画强调"外师造化，中得心源"，融化物我，创制意境，要求"意存笔先，画尽意在"，达到以形写神，形神兼备，气韵生动。由于书画同源，两者在达意抒情上都强调骨法用笔，因此绘画同书法、篆刻相互影响、相互促进。近现代的中国画在继承传统和吸收外来技法的基础上，有所突破和发展。

北京学术界的“三沈”

　　沈尹默（1883—1971），原名君默，字中、秋明，号君墨，别号鬼谷子，浙江湖州人，著名的学者、诗人、书法家、教育家。早年二度游学日本，归国后先后执教于北大、北京女子师范大学，与陈独秀、李大钊、鲁迅、胡适等同办《新青年》，是新文化运动的得力战士。1925年，在“女师大风潮”中，沈老与鲁迅、钱玄同等人联名发表宣言，支持学生的正义斗争。后由蔡元培、李石曾推荐，出任河北教育厅厅长、北平大学校长等职。1932年，因不满政府遏制学生运动、开除学生，毅然辞职，南下上海，任中法文化交换出版委员会主任。抗战开始，应监察院院长于右任之邀，去重庆任监察院委员。曾弹劾孔祥熙未遂，不满政府之腐败，抗战胜利后即辞职。卜居上海，以鬻字为生，自甘清贫，足见沈先生的高风亮节。

　　沈氏三兄弟都是北京大学赫赫有名的教授、大学问家。沈士远是著名学者、庄子专家；沈尹默是现代著名诗人、书法家、教育家，当之无愧的新文化运动的先驱之一，也是中国书法艺术的一座高峰；沈兼士是语言文字学专家、文献档案学家、诗人、教育家。北京学术界称沈氏三兄弟为"三沈"，与"二周"（周树人、周作人）齐名。

19世纪末，在汉阴古城一个书香世家，诞生了沈士远、沈尹默、沈兼士三兄弟。"三沈"昆仲少年立志，勤学苦读，弱冠之后，游学中外，学贯古今，成为我国新文化运动的先驱和享誉国际的文化大师，其业绩值得后学仰望和揣摩。

沈士远是老大，两年后二弟沈尹默出生，6年后三弟沈兼士出生。三兄弟都在5岁左右进入家塾学习，他们学习了许多古籍，打下了扎实的国文基础。1903年父亲病故，全家迁居长安。1905年，沈士远带两个弟弟同赴日本留学。沈士远、沈尹默进入章太炎在东京创办的国学讲习会受业，沈兼士进入东京物理学校。三兄弟受章太炎先生的影响，都加入了同盟会。

回国后，沈士远曾任北京大学预科乙部教授、庶务部主任、校评议会评议员，北京高等师范学校、燕京大学教授。五四运动爆发时，北大教职员会发起组织了北京中等以上学校教职员会联合会，沈士远被推任为书记（马叙伦任主席），参与组织和领导了整个五四运动，为营救被捕师生、挽留蔡元培校长和保护北大不被迁校解体等做了大量工作。在1921年北京各校"六三"索薪运动中，沈士远曾带领上万名师生到总统府请愿。他不畏官府的镇压，被打得头破血流，生命危在旦夕亦不畏惧。

最初，沈士远在北大预科教国文，讲解得十分仔细。讲义中有一篇《庄子》的《天下篇》，据说这篇文章一直要讲上一学期，因此学生们送他一个别名——"沈天下"。

后来，沈士远离京，先后任浙江省政府秘书长、浙江省府委员兼教育厅长、湖北省教育厅长、民国政府考试院考选委员会副委员长。新中国成立后，中央人民政府文化部文物局批准沈士远为故宫博物院研究员。1952年11月被确定为故宫博物院档案馆临时负责人。1953年元月改任档案馆主任，为新中国的档案事业作出了贡献。1955年病故。

沈尹默原名沈君默，这个名字是在北大任职期无意间取的。一天，有一位朋友同他开玩笑道："你这人性格内向，是个出名的老实头，常常默不作声，既然如此，何必多带一口？"意思是说，沈君默的名字中已有"默"字，而"君"字下面又有一"口"，好像多余了。谁知说者无心，听者有意，沈君默对此甚表赞同，从此改名为沈尹默，别号有东阳仲子、秋明、匏瓜，晚号秋明室主。

然而，沈尹默并不是事事都"默"不作声的。1917年1月，蔡元培正式出任北大校长不久，就亲自到译学馆拜访了比他小15岁的沈尹默，这使沈尹默很感动。两人坦诚相见，促膝长谈，围绕着如何改革北大各抒己见。

后来，沈尹默受蔡元培委任主持北京大学书法研究会。他向蔡元培竭力推荐陈独秀出任北大文科学长。1918年《新青年》成立编委会，由北大六教授陈独秀、胡适、钱玄同、李大钊、高一涵和沈尹默轮流担任主编。五四运动前，沈尹默率先在《新青年》杂志上发表了《月夜》《三弦》《人力车夫》等18首散文体白话文新诗，极大地震动了千百年来旧体诗词统领的诗坛，在近现代中国文学史上具有划时代的伟大意义。

1920年4月，沈尹默再度去日本西京大学进修，因眼疾大发，第二年归国，1922年兼任北京女子师范大学教授。1925年"女师大风潮"兴起，他和鲁迅、马裕藻、李泰棻、钱玄同、沈兼士、周作人等联名在《京报》发表《对于北京女子师范大学风潮宣言》，公开支持学生的正义斗争，直到最后胜利。当时他还兼任燕京大学、中法大学教授。1926

年"三一八"惨案发生后，他愤而与好友章士钊绝交，10年后章承认错误，始行复交。1928年，沈尹默任河北省政府委员、国民政府教育部大学委员会北平分会委员，次年7月兼任河北省教育厅厅长。1931年，沈尹默任国立北平大学校长。1932年末，反动政府为遏制学生抗日运动，命令开除学生，他愤然辞去校长职务，离开北平南下，卜居上海。旋任中法文化交换出版委员会主任委员，兼任孔德图书馆馆长，直到1937年抗日战争爆发为止。日寇侵沪，他西去重庆，因眼疾严重，难以工作。1939年7月应于右任之邀，任国民政府监察院监察委员。稍后，他眼疾渐好，除终日临池吟诗外，还从事书法理论的探索和著述。抗战战争胜利后，沈尹默辞去监察委员职务。1946年定居上海，过着清苦的鬻字生涯。

1950年，沈尹默任上海市人民政府委员、中国文学艺术界联合会委员、上海市文学艺术界联合会副主席、上海市中国书法篆刻研究会主任委员等职。1960年7月，沈尹默被聘为中央文史研究馆副馆长。

沈尹默是现代书法名家，他花费了一生精力研究书法和书法理论，以行草著称于世。著名文科大师、《辞海》副主编、复旦大学郭绍虞教授生前评论沈尹默先生的书法时说："运硬毫无棱角，用细毫有筋骨，得心应手，刚柔咸宜。用笔粗处不蠢，细处不弱，骨肉停匀，恰到好处。"

沈兼士归国之后，一度在嘉兴、杭州执教。1912年秋，他到北京，受聘于北京大学、清华大学和北京高等师范学校教授。1914年，沈兼士同鲁迅相识，并过从甚密，书信往返，经常聚首，《鲁迅日记》中曾多次提到沈兼士。1922年，沈兼士主持北京大学研究所国学门，他创设编辑室（负责整理古代典籍）、考古学研究室、歌谣研究会、风俗调查会、清内阁大库档案整理委员会和《国学季刊》编辑室。在古代研究上，他提倡考古，搜辑遗编；在近代研究上，他倡导调查方言，采集民谣；为保护故宫遗存文献，他呼吁政府当局将清内阁大库遗弃档案移交北大，并带领学生及同仁把久积凌乱的清代档案整理出来。这受到蔡元培先生的高度称赞："有功史学，夫岂浅鲜。"也就是这一时期，他成功地阻止了文溯阁《四库全书》的外流，为民族文化做了一件功德无量的事。

而后，沈兼士任北京大学文学院院长。1925年，在北京女子师范大学风潮中，沈兼士同鲁迅、马幼渔、钱玄同等人站在一起，发表了7人签名的《对于北京女子师范大学风潮宣言》，声援女师大同学的正义斗争。在新文化运动中，他和哥哥沈尹默一起倡导并写作新诗。1926年，他随鲁迅先生同赴厦门大学国文系任教，不久返回北京任故宫博物院文献馆馆长。1929年，他任辅仁大学文学院院长。这一年5月，鲁迅从上海北返探亲，重见了当年的老友，曾不无感慨地写信给许广平说："南北统一后，'正人君子'们树倒猢狲散，离开北平，而他们的衣钵却没有带走，被先前和他们战斗的有些人拾去了。未改其原来面目者，据我所见，殆惟幼渔、兼士而已。"老朋友沈兼士本色依然，深得鲁迅信任，曾任《鲁迅全集》编委。

1937年"七七"事变后，沈兼士先生以"饿死也不为侵略者服务"的气节，严词拒绝敌伪所有聘任，甘守清贫。他与同人英千里（英若诚之父）、张怀等秘密组织"炎社"（后又改为"华北文教协会"），进行抗日斗争。他们的抗日行为最终为敌寇所闻，沈兼士是文协主任被列入黑名单中第一位，被宪兵追捕。在不得已的情况下，沈兼士于1942年潜出北平，辗转于西安、重庆，曾任中央大学师范学院名誉教授。他接运流亡青年，辅导他们升学就业，不求名位，殚精竭虑。虽贫病交加，仍以"礼乐非吾好，干戈未定时"的诗句，拒绝出任国民党礼乐馆馆长。

抗战胜利后，他被政府任命为教育部平津区特派员，负责接收敌伪文化教育机关。其后复任辅仁、北大两校校长、故宫博物院理事、文献馆馆长、国语推行委员会常委等职。

在文字学方面，沈兼士是我国1800年来从文字发展的角度研究汉字的第一人。他首创文字画和意符字（初期表意文字）这两个文字发展起源阶段学说，打破了传统的"六书"说，构拟了汉字发展过程的全貌，多年来为研究文字学者所依据。

沈兼士还是一个诗人，有《和樊樊山消夏诗》《1941年登高和少陵诗》等近百篇诗作，手稿被毁于"文革"时期。1947年8月2日，沈兼士因脑溢血病逝于北平，葬于京西福田公墓。在他的追悼会上，金息侯先生亲笔撰写的挽联是"三月纪谈心，君真兼士，我岂别士；八年从抗战，地下辅仁，天上成仁"，如实地概括了沈兼士坦白厚道、济世爱国的一生。

■故事感悟

沈氏三兄弟均是文化大师，为中国文化界留下了浓墨重彩的一笔。兄弟三人互相学习，共同努力，给后人留下了宝贵的文化遗产。而他们兄弟间互相砥砺、扶持的精神更值得学习。

■史海撷英

孙中山北上

1924年，冯玉祥发动北京政变的消息传到南方时，孙中山正在广州，他立即召开会议，讨论对北京政变的方针。收到冯玉祥的邀请后，他非常高兴，毅然决定放弃武力北伐的计划，在10月27日致电冯玉祥和段祺瑞，表示准备北上，共商国事。

临行前，孙中山发表了著名的《北上宣言》，重申反对帝国主义及其走狗北洋军阀的政治立场，认为实现国民革命的关键在于人民掌握武装，提出了废除不平等条约、要求召开国民会议等重要主张。

孙中山的《北上宣言》，引起了帝国主义列强和北洋军阀段祺瑞、张作霖的严重不安。段、张两军阀先后抵达北京，争得日本帝国主义的支持，立即施展各种伎俩，排挤冯玉祥，阻止孙中山北上。

张作霖背弃了原先与冯玉祥约定的"奉军不入关"的诺言，把大批奉军开到了京郊，并以武力为后盾，插手北京政权。在《北上宣言》发表的同一天，张作霖赶到天津，14日进入北京。到京第二天就与冯玉祥、卢永祥等举段祺瑞为"中华民国临时总执政"，共同执掌北京政权。

冯玉祥在北京政变前，对于段祺瑞、张作霖二人的军阀本质认识不清，以为可以合作共事，及至见面后才深为懊悔。当时，冯玉祥的部将胡景翼、孙岳主张杀掉张作霖，除掉后患。冯玉祥说，请人家来再杀掉，怎么向国人交代？始终不忍下手，最后反而以"谦谦君子"的姿态，自己离京到天台山"修养"去了。行前，他向张作霖辞行，张作霖还假惺惺地说："你可不能走！我要是让你走了，我就是混账王八蛋！"可冯玉祥真走了，他和段祺瑞又暗自高兴。

段祺瑞、张作霖挤走了冯玉祥，又全力对付北上途中的孙中山。段祺瑞以"执政"的身份，一次次发表有悖于《北上宣言》的言论；又与帝国主义勾勾搭搭，用以激怒孙中山。

11月13日，孙中山偕夫人宋庆龄乘永丰舰离粤北上。17日抵上海，受到上海群众万余人的热烈欢迎。与此形成对照，帝国主义则千方百计刁难孙中山。英国人办的报纸竟然叫嚷："上海不需要孙中山，应阻止他登岸！"《大陆报》更发出叫嚣，"要驱逐孙中山出上海"，"决不要理睬孙中山所提出的废除不平等条约的要求"。法租界捕房公然阻止并捕捉了欢迎孙中山的群众领袖4人，可见国内外反动派对坚持革命的孙中山多么惧怕。

面对帝国主义的干涉，孙中山立即予以回击。他声明，"上海为中国之领土，主人在自己的领土之内，无论干什么，客人完全不能干涉。中国人民早已不能忍耐外国侨民在中国领土之飞扬跋扈！"他对新闻记者一针见血地说："中国现在祸乱的根本，就是在军阀和那援助军阀的帝国主义者。"

孙中山得知北京政局险恶，更急于北上。无奈当时陆路阻断，赴天津船期又远，只好乘船绕道日本。路经日本各地时，都有成千上万群众锣鼓喧天地欢迎他。孙中山在神户东方旅馆发表演说，指出："日本若能真心与中国亲善，务先助中国废除不平等条约，争回主人地位，复中国人之自由，两国于是方可言亲善。"这番言论赢得了侨胞和日本人民的欢呼。

11月30日，孙中山乘"北岭丸"从神户向天津出发。在12月4日抵达天津，更是受到两万多人的热烈欢迎。人民对他寄予厚望，可这时的孙中山已经不幸身患绝症了。

孙中山抵达上海的时候，人们已发现他面容略现黑暗苍老之象；连日来在日本奔波呼号，渡海又遇风浪，更显疲倦之态；到了天津，身发寒热，肝区发痛，精神又不如以前；段祺瑞、张作霖的倒行逆施，尤其使孙中山气恼，病情更加重了。18日，段祺瑞派了两个代表前往天津欢迎孙中山。谈及段祺瑞最近对各国公使表示尊重与各国签订的各项不平等条约时，孙中山大为震怒，厉声说："我在外主张废除不平等条约，而北京政府据何理由，傭欲尊重之？既欲尊重外人，何必来欢迎我？"张作霖也到天津，用"外国人都是不好惹的"来威胁孙中山，要他放弃联俄联共政策；还说愿意替孙中山"疏通外国人的感情"，并大包大揽说："这件事就包在我张作霖身上。"孙中山听后，非常气恼，病情更加沉重了。

12月31日，孙中山抱病抵京，受到首都10多万群众的热烈欢迎，精神为之一爽。此时，段祺瑞更加强了反孙活动，不仅在不平等条约上与孙中山针锋相对，还以召开"善后会议"和孙中山主张召开国民大会相对抗，让封建余孽赵尔巽当了"议长"。孙中山极为愤怒，宣布国民党不参加"善后会议"，要另筹国民会议。

到1925年1月下旬，孙中山病情恶化，竟至不能进饮食。26日，经协和医院手术，确诊为肝癌，已无治愈的可能了。

2月中旬以后，孙中山神志渐不清楚。24日下午，病势已臻绝境，生命垂危，随行的汪精卫等遂请孙中山预备遗嘱。由汪精卫执笔，孙中山口授了著名的《总理遗嘱》：

余致力国民革命，凡四十年，其目的在求中国之自由平等。积四十年之经验，深知欲达到此目的，必须唤起民众，及联合世界上以平等待我之民族，共同奋斗。革命尚未成功，凡我同志，务须依照余所著《建国方略》《建国大纲》《三民主义》及《第一次全国代表大会宣言》，继续努力，以求贯彻。最近主张国民会议及废除不平等条约，尤须于最短期间，促其实现。是所至嘱！

孙　文

1925年3月12日晨9时30分，中华民族一代伟人、中国革命先行者、中华民国缔造者孙中山先生阖然长逝，时年59岁。

孙中山在中国革命的关键时刻不幸去世，是个巨大的损失，这对当时中国的政局产生了重大影响。北洋军阀的政权得到了喘息的机会，而南方国民党内则出现了更为复杂的局面。

■文苑拾萃

沈尹默作品的艺术特色

台湾大学教授傅申先生在《民初帖学书家沈尹默》一文中，称沈尹默"楷书中我认为适合他书写的，还是细笔的褚楷，真是清隽秀朗，风度翩翻，在赵孟頫后，难得一睹。"已故浙江美院陆维钊教授评沈老书法时，云："沈书之境界、趣味、笔法，写到宋代，一般人只能上追清代，写到明代，已为数不多。"

沈先生的书法理论著作多发表于1949年以后，包括1952年的《谈书法》、1955年的《书法漫谈》、1957年的《书法论》和《文学改革与书法兴废问题》、1958年的《学书丛话》、1960年的《答人问书法》、1961年的《和青年朋友们谈书法》以及《和青年朋友们再谈书法》、1962年的《谈中国书法》和《怎样练好使用毛笔字》、1963年的《历代名家学书经验谈辑要释义》、1964年的《书法艺术的时代精神》和《二王法书管窥》、1965年的《历代名家学书经验谈辑要释义》、1978年的《书法论丛》、1981年的《沈尹默论书丛稿》。

沈老书法作品广泛流传于海内外，深得人民的喜爱。特别是1981年出版的《沈尹默书法集》，比较全面地收集了他20岁以后各个时期的代表作，反映了他书法嬗变的全过程。1999年的《沈尹默手稿墨迹》则为他的草稿书札精品40余件，以行草为主。近年来故居在海峡两岸收集到沈老书墓志铭8种。从1921年到1960年，横跨40年，可以看到沈老楷书从北碑、唐晋风味演变到自成独特风格的过程，乃为研究沈氏碑帖及学书者临摹之范本。其中一种为沈老在1921年为蒋（中正先生）母王太夫人书墓志（现陈列于台北中正纪念堂）。孙中山先生为蒋母写祭文并书"蒋母之墓"4个大字。此帖碑即将付印。

茅盾兄弟均有成

茅盾（1896—1981），原名沈德鸿，字雁冰，浙江嘉兴桐乡人，中国现代著名作家、文学评论家和文化活动家以及社会活动家，新文化运动先驱者之一，我国革命文艺奠基人之一。

茅盾是我国现代文坛著名的文学巨匠、政治活动家。他一生创作了大量的文学作品，具有很高的艺术成就。其代表作《子夜》，是中国文学发展的里程碑，显示了现代文学在长篇小说创作方面的实绩。此外，他的文学评论、神话研究、散文、杂文、历史故事等，在现代文学史上占有重要的地位。他的弟弟沈泽民是中国革命的先驱之一，是五四运动影响下涌现出来的新文化骁将。他将自己短暂而光辉的一生无私地奉献给了中国人民的解放事业和文学事业，为中国革命作出了不可磨灭的贡献。

茅盾原名沈德鸿，沈泽民原名沈德济，兄弟俩都出生在浙江省桐乡县乌镇。茅盾生于1896年，沈泽民生于1900年，两人相差4岁。父亲沈永锡是清末秀才，通晓中医，是具有开明思想的维新派人物，颇重视新学；除声、光、化、电和数学等自然科学外，也喜欢传播进步思潮的社会科学著作。母亲陈爱珠，是一位通文理、有远见而性格坚强的妇女。1906年，父亲病逝。童年时代，茅盾与沈泽民接受了母亲所教的文学、地理和历史知识。之后，兄弟俩先后在故居隔壁的立志小学和湖州的浙江省立第三中学读过书。在校时，茅盾国文成绩出类拔萃，沈泽民数理化成绩名列前茅。

1916年，茅盾在北京大学预科毕业。由于家庭经济的窘迫，他开始工作谋生，8月到上海商务印书馆编译所工作。次年夏，沈泽民考取了南京河海工程专门学校，茅盾和母亲一起把他送到南京。

1919年，五四运动爆发。在此影响下，茅盾开始专注于文学，翻译和介绍了一批外国文学作品。契诃夫的短篇小说《在家里》是他翻译的第一篇白话小说。

沈泽民则在南京参加了学生集会，上街宣传，提出"拥护国权，发扬民主"的口号，并于11月与杨贤江等发起成立"中国少年学会"南京分会。同年假期，茅盾兄弟在家乡与表兄卢奉璋、同乡曹辛汉等，发起组织"桐乡青年社"，出版《新乡人》杂志，宣传新文学，提倡白话文。此后，沈泽民创作和介绍了《呆子》《阿文和他的姊姊》《发动机》等白话文小说和一些科学小品，还写了揭示底层人民悲惨生活的新诗《五月》。这些作品不仅反映了沈泽民青年时代的革命民主主义思想和文学才能，而且在现代文学史上具有开拓意义，也是迄今为止发现的沈泽民最早的作品。

在学习之余，沈泽民还一度担任该会《少年中国》和《少年世界》的编务工作。同时，与同窗好友张闻天一起担任《南京学生联合会日刊》的编辑科科员（即撰稿人），著文抨击军阀统治，揭露社会黑暗，热情宣传革命民主主义思想。

"五四"前夕，沈泽民还与茅盾一起为《学生杂志》翻译了美国的

《两月中之建筑谭》和《理工学生在校记》两篇科学小说，开创了我国译介外国科学小说之先河。而后，他又大量翻译了十月革命时期苏联的文艺书籍，如《俄国的批评文学》《俄国的农民歌》等。他还翻译了《近代的丹麦文学》《塞尔维亚文学概况》等较有特色的著作。

茅盾则于1920年发表了第一篇文学论文《现在文学家的责任是什么？》，又在《小说月报》上发表了《新旧文学平议之评论》，提出文学应当"表现人生并指导人生"，"重思想内容，不重形式"的论点，表露了早期的文学观点。这年初，茅盾由李达、李汉俊介绍加入上海共产主义小组。7月，中国共产党成立，他成为中国共产党最早的党员之一。他在11月开始主编并革新《小说月报》，12月底又与郑振铎、叶圣陶等发起组织"文学研究会"，提倡"为人生"的现实主义文学。

"五四"时期，我国英文版的马克思主义书籍很少，而日文版很多。沈泽民为了更好地寻求真理，于1920年7月东渡日本，客居于东京小石川大冢洼町二十四番地松叶馆学习日文。

次年1月，沈泽民回上海，加入了"文学研究会"，写了《文言白话之争底根本问题及其美丑》等反击复古势力的文章。同年，由茅盾介绍他加入了中国共产党，在党创办的平民女校教英文，并且翻译《第三国际议案宣言》，还经常在《新青年》《中国青年》上发表文章，宣传进步思想。不久由蒋光慈介绍，到安徽芜湖省立五中任教。在那里，沈泽民与进步师生组织了"芜湖学社"，并创办了《芜湖》半月刊。1923年他返回上海，担任上海大学社会系教授，兼任《民国日报》副刊《觉悟》编辑。后又辗转浙江上虞、南京等地，于1924年1月起任中共上海地方兼区执行委员会执行委员。他与早期共产党人恽代英、萧楚女等发起"革命文学"运动，撰写了《我们需要怎样的文艺》《文学革命与革命文学》等有深远影响的文章。1925年5月，沈泽民与茅盾的妻子孔德址的同学张琴秋（红军唯一的女师长、新中国成立后任纺织工业部副部长）结婚。下半年夫妇俩先后赴莫斯科，不久沈泽民又考上了红色教授学院。

1930年4月，茅盾和沈泽民先后由日本和苏联返国。自此以后，兄弟俩分道扬镳，茅盾主要从事文学工作，成为五四运动以来最富有成果的现实主义作家；沈泽民则主要从事革命工作，成为专职的革命家，直至逝世。

沈泽民回国后，在临时中央宣传部工作，参加批判李立三"左"倾冒险主义的斗争。他在党内刊物《布尔什维克》上发表了《中国革命的当前任务与反对李立三路线》《三中全会的错误与国际路线》等文章。1931年1月，在党的六届四中全会上，沈泽民当选为中央委员，担任宣传部长职务。随着革命斗争的深入，沈泽民将全部精力投入政治活动，撰写了《第三时期的中国经济》《关于"金贵银贱"与无产阶级运动的几个问题》等文章，对在世界资本主义经济危机冲击下的我国农业和纺织业等凋敝和破产现状作了十分深刻而透彻的分析。

同年3月，受党中央派遣到鄂豫皖苏区，沈泽民任中央分局委员，兼鄂豫皖省委书记。1932年6月，国民党对鄂豫皖苏区发起第四次反革命"围剿"，沈泽民坚持在根据地斗争，与徐海东等重建了红二十五军。翌年，蒋介石又发动了第五次"围剿"，部队分散作战，沈泽民不幸染上了恶性疟疾，于11月20日病逝于湖北黄安（今红安）。12月中旬，茅盾与鲁迅在一家白俄咖啡馆见到了由白区归来的成仿吾。听到这一噩耗，归途中两人"默然不再作声"。良久，鲁迅问及沈泽民的年龄，茅盾回答道："虚岁三十三。"鲁迅叹息说："啊，太年轻了。"

茅盾从日本回来后，即加入中国左翼作家联盟，并一度任执行书记。1934年9月，茅盾协助鲁迅创办《译文》杂志，为进步文学的翻译事业开拓了新路。1936年2月，当获悉红军长征胜利到达陕北的消息后，鲁迅与茅盾发出致中共中央贺电："在你们身上，寄托着人类和中国的将来。"同年10月，茅盾和许多文艺工作者发表了《文艺界同人为团结御侮与言论自由宣言》，号召建立文艺界的抗日民族统一战线。

■故事感悟

沈氏兄弟为现代文学事业作出了巨大贡献，他们间的兄弟之情也通过笔杆子紧紧地联系在一起。两兄弟的作为对新中国的诞生有着不可磨灭的功绩，他们的精神和品质鼓舞着一代又一代的中国人。

■史海撷英

"茅盾"一名的由来

1927年大革命失败后，武汉的汪精卫和南京的蒋介石实行了臭名昭著的宁汉合流，对革命人士大肆屠杀。国内形势急转直下，非常险恶。沈雁冰由于参加革命活动，不得不离开武汉，最后到了上海，住在景云里。恰好，这时鲁迅和叶圣陶也住在这里。沈雁冰不便出门，又没有工作，生活上便出现了问题，于是就动手写起小说来。可许多报社都不登他的文章，于是他写文章的时候内心十分矛盾，所以他在手稿上署的笔名是"矛盾"。后来，他把写好的小说手稿给叶圣陶看，叶圣陶看后非常高兴，就决定在《小说月报》上发表。可叶圣陶认为"矛盾"是个哲学名词，不像一个人的名字；且"矛"也不像是姓氏，并且在当时那样的环境下使用如此尖锐的笔名不太好，就自作主张在"矛"字上加了一个草字头，改作"茅盾"。沈雁冰对这一改动也很满意，以后就一直以此为笔名了。

茅盾当时写的这部小说，就是著名的《蚀》三部曲:《幻灭》《动摇》和《追求》。

第三篇
处世不忘手足情

忠诚守义兄弟情

　　卫公子寿（？—前701），本名姬寿。他是春秋时代卫国第十五任国君与宣姜所生的长子，亲弟弟是后来的卫惠公朔。

　　春秋时，卫宣公立急子为继承人，还为他聘了齐国的长女宣姜为妻。宣公听说未来儿媳妇很漂亮，就想据为己有。乃在淇河上筑上新台，借故遣开儿子急子到宋国去，然后派人去齐国把宣姜迎过来，做了自己的妆侍，反叫急子尊她为庶母。

　　3年后，宣姜生了两个儿子，长子名曰寿，次子名曰朔。母以子贵，此时宣公却嫌多了一个发妻所生的急子了。

　　公子寿天性孝顺，和急子的情感如同母生的一样；公子朔就不同，他经常在父亲面前说急子坏话。因为公子寿和急子关系很好，公子朔竟连胞兄公子寿都憎恨起来。他怂恿母亲宣姜告状，说急子想侮辱母亲，并说他怨恨父王宣公夺了自己的妻子。

　　这是宣公的丑闻，也是他最害怕和讨厌听到的议论，他当然会气愤满腔。再加上宣公最听老婆话，按照宣姜的指示做事，设法借刀杀人，特派急子到齐国去，授予一面白旗作为标志。又叫公子朔派人到关卡埋伏，见了白旗便下手，把急子杀害，拔去眼中钉。

公子寿得知这个奸谋，赶往告诉急子，叫他逃往外国去，急子不愿意离去。

公子寿哭谏不成，代死向父亲尸谏。他已下了必死的决心，于是转而请急子赴宴。席间把急子灌醉了，自己穿上急子衣服，给他留了张条子，拿了白旗就走。过河后，就被暗伏的歹徒杀了。急子醒来，一见公子寿留下的字条，才知弟弟苦心，便赶程追去。见公子寿已做了替死鬼，大哭一场。他向歹徒说明原委后，又自刎殉节了。

■故事感悟

为了兄弟的情义，公子寿和急子两个人都有忠诚守义的品质，并甘心为兄弟赴死，实在是感人至深。他们的死难，更让人扼腕叹息。

■史海撷英

皮冠射鸿

献公十三年，卫献公让师曹教宫妾鼓琴，结果师曹很尽责，甚至把学不好乐器的妾鞭笞了。可惜他不是孙武，而卫献公也不是吴王。孙武杀了吴王最喜欢的妾而成为吴国大将，他却被卫献公鞭笞了300下。

献公十八年，卫献公说晚上要跟卿大夫孙林父、甯惠子殖两人吃饭。二者穿戴朝服，随时候命。结果天快黑，而卫献公像完全忘记了这回事，竟然去射鸿。孙、甯二人跟着，卫献公不换下皮冠、射服，就直接跟他们说话，这简直就是侮辱了两位重臣。

师曹痛恨自己被鞭笞，就唱卫献公私下里的话"彼何人斯？居河之麋。无拳无勇，职为乱阶"。孙林父问蘧伯玉有没有这么一回事，蘧伯玉说不知道。于是，孙、宁发兵攻打卫献公，将其赶走，立定公弟秋为国君，是为殇公。

殇公时期，宁喜与孙林父争宠夺权，殇公让宁喜攻打孙林父。孙林父逃到晋国，寻找卫献公，卫献公在齐国。齐景公率卫献公到晋国，而晋平公诱卫殇公结盟，当场抓住他。卫献公顺利回国，并诛杀宁喜。

■文苑拾萃

《诗经·国风》

"国风"是《诗经》中的精华，是我国古代文艺宝库中璀璨的明珠。"国风"中的周代民歌以绚丽多彩的画面，反映了劳动人民真实的生活，表达了他们对受剥削、受压迫处境的不平和争取美好生活的愿望，是我国现实主义诗歌的源头。

在《七月》中，我们看到了奴隶们血泪斑斑的生活。在《伐檀》中更感悟了被剥削者阶级意识的觉醒，愤懑的奴隶已经向不劳而获的寄生虫、吸血鬼大胆地提出了正义的指问："不稼不穑，胡取禾三百囷兮？不狩不猎，胡瞻尔庭有县鹑兮？"有的诗中还描写劳动者对统治阶级直接展开斗争，以便取得生存的权利。在这方面，《硕鼠》具有震颤人心的力量。

"国风"中有一些反映兵役、徭役给人民造成极大痛苦的思妇的诗，如《殷其雷》《伯兮》《君子于役》等就是这一类诗篇的代表作。"国风"中还有数量不少的爱情诗，反映不合理的婚姻给妇女造成的极大痛苦，表达青年男女对美满婚姻的向往和追求，是这类爱情诗的重要主题。《氓》《谷风》等篇为我们展示的正是这种生活画面。而《柏舟》还具有鲜明而强烈的反抗意识。基调健康、乐观的恋歌（如《静女》《木瓜》等），更给爱情诗增添了一种和谐、喜悦的情愫。所有这些，都是劳动人民思想情感的真实表达。

曹植作诗愧曹丕

曹植（192—232），字子建。沛国谯县（今安徽省亳州市）人，三国时期曹魏诗人、文学家，建安文学的代表人物，魏武帝曹操之子，魏文帝曹丕之弟。他生前曾为陈王，去世后谥号"思"，因此又称陈思王。后人因他在文学上的造诣而将他与曹操、曹丕合称为"三曹"，南朝宋文学家谢灵运更有"天下才有一石，曹子建独占八斗"的评价。

曹植从小聪明过人，才十来岁，《诗经》《论语》以及楚辞、汉赋等几十万字的作品，他都能朗读，甚至背诵，还很会写文章。曹操曾看了曹植写的文章，问他说："你这是请人写的吧？"曹植跪着回答说："出口成文，下笔成章，您只管当面考试，怎么要请人代写呢？"

当时邺城铜雀台刚好落成，曹操带着他的儿子们一起登台，让他们每人写一篇铜雀台赋。曹植提笔就写，一气呵成，文采华美，曹操很惊奇。平常时候，曹操每次问什么，曹植随即就能答上来，所以曹操特别宠爱他，好几次动心，想立他做太子。可是他的哥哥曹丕玩了些手段，假装很谦虚、恭谨，王宫中的人以及曹操身边的一些谋臣都替曹丕说话，于是他就被立为太子了。

曹丕刚当上魏王，就把拥护曹植的丁仪、丁庾兄弟俩杀了。后来，他又不断迫害亲弟弟曹植。有一次，曹丕对曹植说，你以前夸口说你出口成文，下笔成章，我现在让你走七步写出一首诗来。写出来了就罢，如果写不出，证明你早先的话全是蒙骗别人的，就要处死。曹丕的话音刚落，曹植就随口吟出一首五言诗："煮豆持作羹，漉豉以为汁。其在釜下燃，豆在釜中泣。本自同根生，相煎何太急？"

这首《七步诗》用比拟的手法，说：煮了豆子用作羹汤，滤出豆豉熬成浓汁。豆茎在釜下熊熊燃烧，豆粒在釜中声声哭泣：我和你本是同根生来同根长，你熬煎我，为什么如此急迫？

曹丕听了，很是羞惭，脸色红一阵、白一阵。

■故事感悟

"本自同根生，相煎何太急"一句，千百年来已成为人们劝诫避免兄弟阋墙、自相残杀的普遍用语。这首诗的作者曹植也因此诗避免了兄弟相残。我们在敬佩曹植出口成章的文采的同时，也体会到了兄弟之情的宝贵。

■史海撷英

曹植的诗歌成就

诗歌是曹植文学活动的主要领域，前期与后期内容上有很大的差异。前期诗歌可分为两大类：一类表现他贵族王子的优游生活，另一类则反映他"生乎乱、长乎军"的时代感受。后期诗歌，主要抒发他在压制之下时而愤慨时而哀怨的心情，表现他不甘被弃置，希冀用世立功的愿望。今存曹植比较完整的诗歌有80余首。曹植在诗歌艺术上有很多创新发展，特别是在五言诗的创作上贡献尤大。首先，汉乐府古辞多以叙事为主，至《古诗十九首》，抒情成分才在作品中占重要地位。曹植发展了这种趋向，把抒情和叙事有机地结合起来，使五言诗既能描写复杂的事态变化，又能表达曲折的心理感受，大大丰富了它的艺术功能。曹植还是建安文学之集大成者，对于后世的影响很大。在两晋南北朝时期，他被推尊到文章典范的地位。南朝大诗人谢灵运更是赞许有佳："天下才有一石，曹子建独占八斗，我得一斗，天下共分一斗。"

■ 文苑拾萃

七步诗

曹植才思过人，屡遭其兄文帝曹丕的猜忌迫害。一次，文帝与曹植同辇出游，途中遇见两头牛在墙角间相斗，一头牛斗败，坠井而死。文帝就下诏令曹植赋牛诗。且诗中一不准用"牛"字，二不得用"井"字，三不得用"斗"字，四不准用"死"字。并限于走马百步之内，成诗四十言。步尽诗不成，处斩刑。子建策马而驰，百步未尽而诗成："两肉齐道行，头上戴横骨。行至凶土头，峄起相唐突。二敌不俱刚，一肉卧土窟。非是力不如，盛意不得泄。"后来，曹丕又寻机令曹植七步之内作诗一首，诗不成，加大法。七步之内曹植果然成诗一首，也就是文中提到的《七步诗》。

如果说《牛诗》写得还较为含蓄的话，《七步诗》则是率直的比喻了。丰富的联想和沉痛的心情交织在一起，使人不忍卒读。"诗成七步""才高八斗"的曹子建，千百年来为人们所同情和爱戴。

画界张氏三兄弟

张光宇（1900—1965），中国漫画家、装饰画家。小学毕业后随张聿光学画布景。1921—1925年在南洋兄弟烟草公司广告部画月份牌年画。20世纪20年代后期至30年代，与他人创办东方美术刊行社、时代图书公司，编辑出版《上海漫画》《时代漫画》《独立漫画》《泼克》等杂志。张光宇长于政治时事和社会讽刺画，其作品手法借鉴装饰画的表现形式，代表作为《西游漫记》，作品辛辣地讽刺和揭露了当时大后方政治的黑暗腐败。他的装饰画在民间、民族艺术的基础上，吸取外国美术中的优秀成分，形成形式感极强，富有民族趣味的时代感的风格。

张光宇是20世纪20年代至60年代中国美术界十分活跃的艺术家。他以中国漫画界装饰画派的开山人和漫画事业实际组织人的身份享誉漫画画坛。他的弟弟张正宇、曹涵美也是著名的大画家。在我国现代美术史上一门出了3个大画家，而且均有突出的成就，这也为历代绘画史所罕见。

张光宇1900年生于江苏无锡。父亲和祖父都是中医，祖父兼长中国画。他自幼酷爱美术，13岁时，外祖父为他安排了一个进入实业界的计划，但这并没有改变他对艺术的钟情，他只当了一年钱庄学徒。

1913年，张光宇在上海第二师范附属小学读书，四年后毕业，从师张聿光，在"新舞台"戏院里学画布景。传统京剧的服饰、功架、色彩、唱腔的艺术处理，深深吸引了他。20世纪50年代初，他在给中央工艺美术学院的学生们上装饰画课或美术字课时，总是喜欢在讲台上连唱带做地表演京剧武生亮相的功架，以此强调装饰造型的构成骨架。他把一些本来也许是平淡的说教引申到美学和哲理的高度，言简意赅，令人深信不疑。

1919年，张光宇经老师张聿光介绍去生生美术公司出版《世界画报》。丁悚先生任编辑，张光宇为助编。在《世界画报》上，他发表了不少钢笔画，大都是戏剧人物和风景画。次年，他与汤素贞结婚。1921年，开始为《小申报》等报刊画谐画、设计报头，还和友人搞无声电影，为唱片公司画封面，为大世界游乐场画布景等。

1921年到1925年，张光宇任南洋兄弟烟草公司广告部绘画员，从事报纸广告设计并绘制月份牌画。1926年，在上海模范工厂从事美术工作。1927年至1933年，经友人介绍，他去英美烟草公司广告部美术室任绘图员。从此，张光宇开始了漫画和讽刺画的创作活动，并著有《近代工艺美术》一书。

1934年，受爱国思想的激励，张光宇辞去英美烟草公司职务，专心致力于出版事业，创办时代图书公司；与邵洵美、叶浅予、鲁少飞、黄文农、曹涵美、张正宇合作，出版了《时代画报》《时代漫画》《论语》《时代电影》《万象》。他画了《民间情歌》，画装饰画《龙女》一幅。1936年，时代图书公司分裂，他和三弟张正宇另外组成独立出版社，出版《独立漫画》等。同时参与组织了"第一届全国漫画展览会"，并成立了"中华全国漫画作家协会"。这期间，他开始重视造型表现的意趣，并在夸张、变形和线的运用上下功夫。尤其是在构图处理上，他不受任何陈规的约束，善于把艺术技巧的表现与理想境界的追求综合在画面里。70余幅装饰风格强烈的连环画《林冲》，就是这个时期的代表作品。

抗战开始后，张光宇编《抗日画报》。1938年，上海沦陷，张光宇避居香港，任《星岛日报》美术主任，画插图和讽刺漫画。他参加"现代中国漫画展"，成立"全国漫画家协会香港分会"，办漫画训练班，培养青年，开展抗日活动，反对汪精卫投降派。1940年，为了抗战，他将家属送往上海，带大儿与丁聪、徐迟经东江游击区赴渝，在"中国电影制片厂"工作。1941年，"皖南事变"后，因不满国民党统治，他与丁聪经仰光回香港；并接家属到港，仍回《星岛日报》工作，与胡考等组织新美术社。

1942年，香港沦陷后，为躲日寇，张光宇逃难到广州湾，画壁画，后至桂林。第二年，曾与新中企业公司合办美术工艺实验工厂，因湘桂战事作罢。此时期他设计家具、画装饰画，不断为报刊创作漫画作品。1944年，湘桂战事失利，全家避难柳州，他以画扇面维持生活。后至贵阳，参加戏剧家组成的文垦殖团，遂至遵义、重庆。1946年夏，他被聘去香港大中华影片公司任职。1947年，从事电影工作并试制卡通，参加香港人间画会，被选为会长。1948年，张光宇转入香港永华电影公司，继续画讽刺漫画，画了《水泊梁山英雄谱》和《金瓶梅人物论》中的人物，主编画会的《这是一个漫画时代》杂志。

这期间，张光宇从艺术超然态度进而直接干预社会，画了一些战斗性很强的装饰绘画和漫画作品。

新中国成立后，张光宇从香港回到北京。徐悲鸿聘请张光宇为中央美术学院教授，教授设计图案系的课程。他在业余时间创作了大量美术作品，为电影《梁山伯与祝英台》、话剧《屈原》、评剧《牛郎织女》搞美术设计；此外画戏曲舞台速写，画书籍封面和插图，如《孔雀姑娘》《神笔马良》《杜甫传》《儒林外史》《唐代传奇》《民间艺术》等。

1956年中央工艺美院成立后，张光宇又被张仃聘为装饰系主任，为培养新一代装饰画家作出了很大贡献。1959年，他参与《装饰》杂志的创办并任主编，还参加了纪念邮票的设计、国庆10周年建筑设计的研究、《中国》大画册的设计，为北京人民大会堂及其他国家建筑搞装饰设计。

晚年，张光宇在为中国首夺国际电影节金奖的动画片《大闹天宫》中创造出孙悟空、猪八戒等生动造型，成为中国文化的象征和使者。

张光宇有两个弟弟：二弟曹涵美和三弟张正宇。

二弟曹涵美原名张美宇，生于1902年，1912年被过继到城郊黄巷外祖家，改名曹臻庠。1917年进北大街慎余钱庄当练习生，第二年在永源生米行任内账，后又至庆丰纺织公司任总账。

曹涵美走上漫画之路深受其大哥的影响，从临摹陈老莲、仇十洲、任伯年起步，后从事漫画创作。1919年起，他开始向上海、无锡等报馆投稿，并改名为曹涵美，有时亦用笔名曹艺。曾发表讽刺漫画《兵变画谣》20幅，揭露军阀混战的罪行。后曹涵美专攻仕女图。1928年至上海，帮助兄弟张光宇、张正宇经营东方美术印刷公司。

1931年，由其弟张正宇介绍，他进入邵洵美开办的新月书店任经理，负责发行新文艺刊物。次年，他们兄弟三人与邵洵美合开上海时代图书公司。曹涵美担任会计兼编辑，出版了《时代画报》《时代漫画》《时代电影》等刊物。在此期间，曹涵美曾作《金瓶梅词话》插图300幅，画得清新华丽，用线简约，独具个人特色。该作品先是在《时代漫画》《漫画世界》中刊载，后正式出版为4册，每册70多幅画面，印刷精良、编排得体，每册扉首题字都不相同。

三弟张正宇，别号石门老人，生于1904年，也是自小酷爱绘画。早年上过私塾，后在面粉厂当练习生。17岁时随长兄张光宇去上海，学习绘制广告和布景。20世纪20年代初，与长兄开设一家小型美术印刷厂，出版《三日画报》，参加上海的漫画会。民国十七年（1928年）与长兄张光宇、叶浅予等人创办《上海漫画》，这是我国第一个专门刊载漫画的画刊。后又与长兄张光宇、邵洵美等创设时代印刷厂和时代图书公司。

在张正宇宣布公司成立时，董事会第一次推举张光宇为总经理，曹涵美、张正宇为副经理。同时宣布发行五大杂志：一是林语堂主编的《论语》；二是叶浅予主编的《时代画报》；三是鲁少飞主编的《时代漫画》；四是宗淮庭主编的《时代电影》；五是张光宇主编的《万象》月刊。除期刊之外，先后出版了几本画册和图文并重的小书，例如叶浅予的《王先生》画册，黄文农的《文农讽刺画集》，张光宇、邵洵美合著的《小姐须知》，张光宇的《民间情歌》等。全盛时期的时代图书公司，自办编辑，自办印刷，自办发行，编辑室人才济济，可谓辉煌一时。

之后，张氏兄弟又自办独立出版社，创办《时代画报》《独立漫画》等画刊。张正宇不仅为这些画刊提供作品、设计封面，而且从事印刷、出版和发行等工作。

抗日战争全面爆发后，张正宇曾短期出版《抗日画报》和《新生画报》，并创作以抗日为题材的漫画。1937年底，他流亡香港，曾担任《申报》画刊主编、《星岛日报》印刷部主任、《新闻报》美术编辑，还与人合办《大众生活》；并编辑出版《如此汪精卫》漫画集，继续进行抗日宣传活动。日本人企图胁迫他参加亲日的《大同》刊物工作，因而他被迫弃笔从商，与人合开福禄寿饭店。后来占领香港的日本当局将其列入黑名单。张正宇闻讯后于1943年春逃往桂林，在桂林与长兄开办家具装饰公司，并参加熊佛西等人组织的"文垦团"的活动。1945年春，张正宇与长兄张光宇一起到达重庆，筹办中国美术工厂。

抗战胜利后，他返回上海，不久赴台，被台湾省建设厅聘为专门委员，并担任上海大中华影片公司设计、台湾建设所专门委员、台湾旅行社常务理事，负责编印《光复后的台湾》画集。1949年9月到香港，不久他又和在港的一批艺术家一起回到北京。

1950年春，张正宇应邀参加在广州召开的华南文化工作者会议，会后回北京，担任中国青年艺术剧院的舞台美术顾问。他同时还先后兼任《人民画报》《美术》《戏剧报》编委，《解放军画报》《解放军文艺》《中国建设》等刊物的美术顾问。他曾被选为中国美术家协会、中国戏剧家协会理事和北京市政协委员等。他设计的剧目有《屈原》《巧媳妇》《文成公主》等，并与长兄张光宇合著出版了《漫画小事典》。

在画艺上，张正宇也有独特的技能。画家黄永玉说："1948年，我那时才20岁刚出头，对于画人像速写这档子事是颇为自负的，而平时又从来没见过张正宇画过什么人像，心里有些瞧不起他，估计他不会画出什么名堂来的。郎静山有一副飘逸的长髯，微笑而安静地坐着。张正宇运用中锋写字似的将铅笔竖直着一笔一笔描绘着，那么慢，简直有点装模作样。我几乎想笑出来。画到一小半的时候，我开始发现这家伙出手还有一点道理。以后，每一笔的进展我都不能不紧紧地盯住，我仿佛从梦中觉醒，几十年的张正宇的形象一刹那高大起来。他那副有趣的胖脸已经成为庄严的将军，蒙昧变为深刻。面对这一幅小小的作品，我不免肃然起敬。画中的每一笔连系着对象的经络血脉，这是由于他那心手专注才得到的。我开始理解了'慢'的妙处。过去，一直以为'快'才见手上功夫的。这种认识的过程可真艰难之至。"

1965年，张正宇为第三届全国体育运动会设计团体操《革命赞歌》，获金质奖。他在与长兄张光宇合作创作的大型动画片《大闹天宫》时，张光宇负责设计人物造型，而他负责背景设计。该片受到国内外的一致赞誉。

在国画、书法、金石等方面，张正宇也很有研究。晚年，他多作水墨小品，为人所珍藏。张正宇特别爱画"三猫"（猫、猫头鹰、熊猫），他将神态各异的猫纳入基本图形，或方或圆，无不生动活泼，故有"猫翁"之誉。所作篆隶别具一格，其形式美也得力于绘画和工艺美术。他的书画金石作品，后汇集成《张正宇书画选集》《张正宇书画金石作品选》出版。1976年10月27日张正宇病逝，终年72岁。

■故事感悟

由于大哥张光宇的带动，张氏三兄弟选择了同样的事业；他们把兄弟间的情谊融入到工作当中，为新中国的动漫事业作出了巨大贡献。

■文苑拾萃

《西游漫记》

《西游漫记》是张光宇先生创作于1945年的老漫画，确切地说，是一本连环漫画。

《西游漫记》的内容表面上属于"故事新编"，实际上却在尖锐地讽刺1945年的国民党政府，暴露了"国民党政府经济崩溃，特务横行"，"美国生活方式的醉生梦死"，等等。

13岁少年让生于兄

2005年12月20日，在北京积水潭医院，提起在抓阄时弟弟"欺骗"了自己的事，14岁的胡述章痛哭流涕："我没有想到弟弟会那么懂事，他当时手里两个纸团都是写的'治'字，我怎么那么傻呀。我的病即使治好了，也永远不能原谅自己。我的好弟弟，他用自己的命换了我的命呀。"说到这里，胡述章哭得更厉害了，他的母亲也搂着他泪流满面。病房里的病友和医生看到这感人的一幕，也不禁频频抹眼泪。

胡继清是金寨县古碑镇一个山沟里的普通农民。十多年前，他还在贫困线上艰难挣扎着，眼看着弟弟已经娶妻生子，他只能干着急。弟弟看出了他的心思，就主动对他说："大哥，我把述章过继给你吧，反正他妈也没有奶水，跟我们外出打工也是遭罪，你养着吧，将来老了也有人照顾你。"这样，胡述章就来到了伯父家，他的亲生父母从此远走他乡。谁知就在这一年，胡继清结婚了。第二年，胡帅就出生了。

小哥俩一天一天地长大，就像亲兄弟一样。胡继清也没有隐瞒这事，在他们懂事的时候就把秘密说了出来。小哥俩听了之后，感情非但没有减弱，反而比过去更加深厚了。他们一起在镇上读小学，又一起上了初中。兄弟俩品学兼优，都是学校里的尖子生。

胡帅从小就特别懂事。他知道自己与胡述章并非同胞兄弟的真相以后，对哥哥更加照顾得无微不至。每天上学，家里只给他们每人带一个馒头当午饭，胡帅总是把自己的那份儿掰一半给哥哥，说自己吃不了那么多。胡述章要是不吃，他就生气。无奈，胡述章回家只好找妈妈告状。妈妈问胡帅为什么要这样做，胡帅说："我哥多可怜呀，从小没吃过奶水，自己的亲爸亲妈又不在身边，所以我要照顾他。"妈妈要给他买新衣服，他就说："还是给哥哥穿新的吧，他穿旧了再给我。"

哥哥胡述章也真心疼爱着这个懂事的弟弟。上学的时候，他拉着弟弟的手；放学的时候，他搂着弟弟的肩，生怕弟弟走丢了。胡帅贪玩，成绩不如哥哥，胡述章每天把自己的作业写完后，就开始耐心地一遍一遍辅导弟弟的功课。他每次都不厌其烦地对弟弟说："咱家没钱，所以必须要用功念书，咱俩要走出这个村子，不然长大了，咱们都没有钱给爸爸妈妈养老。"胡帅每次听到这里，心里的劲儿都鼓得足足的，更加刻苦学习了。胡继清两口子每当看了这情景，心中都会油然生出一种幸福感。

2005年10月，一场巨大的灾难降临到了这个幸福的家庭。先是胡述章查出了腰椎骨肿瘤，祸不单行，紧接着胡帅又被查出患有急性淋巴白血病。治好兄弟俩的病，这个贫困之家要支付数十万元的巨款。然而，每年只有几千元收入的农民怎么能拿得出来这么多钱呢？胡继清东借西凑，加上政府和学校的捐赠也不过几万元。这一切，小哥俩一清二楚。有一天深夜，胡述章找到父亲，恳切地说："爸，我的病没有大事，弟弟的病是急性的，你要拿这些钱抓紧给他治呀，耽误了，将来咱们后悔莫及。"胡继清听了大儿子贴心的话，心如刀绞。这时，门外偷听的小胡帅也冲了进来。他央求父亲说："爸，我看了一些书，说我这病花钱太多，也不一定能治好，还是让哥哥先治吧。他学习比我好，将来一定能有大出息。那时他能救咱们家，也能孝顺你和我妈……"胡继清听了小儿子的话，再也无法抑制内心的痛苦，他跑到院子里的大树下抱头痛哭。

这对兄弟虽然亲密无间，一样的懂事和孝顺，但在性格上有很大的区别。哥哥胡述章文静内向，弟弟胡帅则勇敢机智，相对也活泼开朗一些。面对突如其来的灾难，胡述章想的是千万不能因为自己拖累了弟弟；但他也没有好办法，只流泪不说话。而胡帅的心思活动起来了："哥哥从小对我这么好，我不能让哥哥去死。况且他还不是爸妈亲生的，身世已经够可怜的了，我更不能让他去死，我要把活的希望给他。死算什么？ 20年后还是条好汉，电影里不都是这样说的吗？"聪明的他终于想出了一条妙计，就是这条小小的计策感动了整个中国。

第二天早上，胡继清夫妇都早早地出门，继续为两个孩子的医药费四处奔波，屋里只剩了他们小哥俩。胡帅像个小英雄似的走到哥哥的面前，他胸脯挺得高高的，因为他决定要替哥哥死，他的心里正在为自己鼓着劲儿。他手里攥着两个小纸团，两个上面都写了"治"字，无论哥哥抓到哪个，他都是要去治病的。小胡帅还留了一手，他在兜里还放了两张空白的纸条，如果哥哥要检查，他就说还有两张忘了拿出来。

足智多谋的胡帅没有先说抓阄的事，他怕哥哥看出破绽，反而来到哥哥面前，大模大样地谈起了大道理："哥，你看，现在这个情况，我们再不想办法可不行了。咱们家只有那点钱，如果我们都去治病的话，非但不够，而且两个人都不能被彻底治好。我得的是白血病，花多少钱也治不好，我看还是给你治吧。老师不是说过吗？事情得分个轻重缓急。我已经认真地想过了，咱们哥俩中就你有出息，就你能帮咱家。"胡述章听了，一个劲儿地流着眼泪摇头。

"哥，你别哭了，咱们是男人，是顶天立地的男人，我们要坚强。我们哭，爸妈看了就更受不了了。你长大要多替我孝顺咱爸咱妈，下辈子我还给你当弟弟……"

胡帅毕竟也只是一个13岁的孩子，说到这里，他情不自禁地哽咽了。死的恐惧一波又一波地涌上他的心头，怎么说都感觉像是生死离别，自己在交代遗言似的。很快，他意识到了自己的失态，他还挂着泪花的脸上挤出了真诚的微笑："哥，咱们不说这些，咱们还是抓阄吧。我手里有两张纸条，一张写着'治'，一张什么也没写。抓到有字的，就去治病。这是咱古碑镇的老规矩，不能耍赖。"已经束手无策的胡述章只好无奈地点点头。

胡帅把两只小手张开了。胡述章看了弟弟一眼，看见他非常镇定，脸上还带着自信的笑容。胡述章确定弟弟的行为没有可疑之处之后，这才抓了弟弟右手上的那个纸团。打开一看，上面写着"治"。胡帅在一旁拍手笑道："我赢了，我赢了，哥你去治病吧。"说着把手中的另一个纸团扔到了地上。胡述章看见放弃了治病机会的弟弟这样开心，一把抱住弟弟号啕大哭……

整件事情，他们的父母还被蒙在鼓里。第二天，当筹不到钱的胡继清夫妇把询问的目光投向了他们兄弟俩时，胡帅抢先说："爸，我们俩商量好了，先让哥哥去北京治病。"胡述章低下了头，默认了弟弟的决定。

在母亲的带领下，胡述章将去北京积水潭医院进行治疗，而父亲则带胡帅去了合肥的省立医院检查。小哥俩分别时还互相鼓励要战胜病魔，早日回来上学，给父母省点钱。弟弟先坐父亲的车走了，胡述章不忍心再看弟弟频频回望他的泪眼。他下意识地低下了头，这时他发现地上有一个纸团，他好奇地打开来一看，只见上面也写了一个"治"字。胡述章一下子全都明白了，他哭着对母亲说："妈，弟弟骗了我……"他流着眼泪说出了事情的来龙去脉。母亲一听，顿时泪流满面。她半晌才说："走吧，咱们去北京。"

到了北京，胡述章无时无刻不在惦念着弟弟。母亲来的时候，有好心人借给他们家一部手机，用来应急。可是他不敢打，怕费用高。有一天，他终于忍不住了，跑到医院的楼下，偷偷给家里打了一个长途，接电话的是父亲胡继清。他听出父亲的语气里好像有许多话要说，却没有说出来。他就不断地追问，并且说："爸爸，你再不说实话，我这就回安徽，我不治了。"胡继清听了大儿子的话，再也忍不住地哭了："述章呀，你小弟不让我告诉你，他的病我们治不起呀，我们回家了。现在，我们全家保你一个人，这是我和你妈的决定，也是你小弟的意思。"

这时胡帅抢过来电话说："哥，你好好地治病，我什么事也没有。我在家等你，等你回来我们一起上学。"胡述章哭着问："你为什么骗我？抓阄你做了手脚的，你不守信用。""哥，我没有骗你，你将来是咱家的顶梁柱，我要保你，保你就是保咱家。""小弟，我不承认这次抓阄的结果，我要回去，咱们重来。"胡帅急了，使出了最后的杀手锏，他威胁道："哥，你听好了，如果你敢回来，我就和你断绝兄弟关系。我会离家出走，这辈子都不认你。你那样做不但对不起我，也对不起咱爸咱妈。"胡述章听到这里，哭着放下了电话。

胡述章回到病房后，捂着被子放声大哭："我好后悔呀，怎么这么粗心？那天我怎么就不检查一下那个纸团呢！是我害了弟弟，我算什么哥哥？我无耻呀，我夺了弟弟的命……"无论母亲怎么劝他，他也不肯原谅自己。

这时，母亲的手机响了，正是胡帅打来的。母亲未语泪先流："妈的好宝贝，你怎么样了？妈惦着你呀！""妈，我没事，让我哥听电话……喂，哥，是你吗？你别哭呀，我是向你道歉的，刚才我不该那么对你说话。可是，你千万要听话，一定要治好再回来。你不用担心我，现在全安徽都知道了咱们的事，社会各界都在积极捐款，我很快就会回到医院。"胡述章自责地说："小弟，哥以前为了学习的事打过你，你还记得吗？哥现在好后悔呀，我那时给你多讲道理就好了。告诉哥，那时我打得疼吗？"胡帅在那边笑了："你说的什么呀，我早忘了。再说，你是我哥，你管教我是对的，我一点也不怨你。你看，我现在的成绩不是上来了吗？我还得谢你呢。哥，你什么都不要想，只要安心治病就好。"

虽然，胡帅的嘴上说得很轻松，其实他的病情已经非常严重了。12月15日那天晚上，他输完液后，一度说话非常困难。可是，他依旧满脸堆笑地对前来看望的人们说："我心里很高兴，我用抓阄的方法让哥哥去了北京，只要他能治好，我怎么样都无所谓。哥哥命苦呀，他不应该再受什么难了。"在场的人听了，无不为之动容。

胡帅拖着病重的身子，背着小手在自家小院里走来走去，沉浸在自己计策成功的喜悦之中。一旁的父亲看着他可爱的样子，越看越伤心。胡帅见了，反倒含笑劝慰父亲："爸，不要着急，我哥这去了北京，就有救了。"

小哥俩抓阄定生死的奇闻，很快从小山村传了出去，村民们感动着、唏嘘着。他们从四面八方来到金寨县古碑镇那个半山腰上的胡家。短短几天里，大家送来了数千元捐款。12月22日，安徽省立人民医院决定接胡帅重新回来治疗。胡继清背着胡帅刚走到山下，村里的一位老大娘追了上来，她拿出皱巴巴的一叠小票塞给胡继清："我知道信儿晚了，大娘就这么多。"胡继清把胡帅放在地上，父子俩给老人家深深磕了个头。老大娘说："快走吧，别耽误了治病，可怜的孩子啊。"

山民们的救助精神感动了山外的人们。就在小胡帅入院的第二天，一位来自深圳的郑姓老板走进胡帅病房。他向主治医生了解了胡帅的病情后，当即表示："为了保证费用是用在胡帅的治疗上，我要将5万元钱直接存到医院预缴治疗费中。"很快，5万元救命钱迅速打入了医院里胡帅的账户。郑老板还将预缴治疗费的清单交给了胡继清。胡继清哭了起来："恩人哪，我儿子这回有救了。"这位郑老板安慰道："兄弟，你别着急，我马上去北京，给你的大儿子再捐5万，我要全力救他们。两个小兄弟互让生命的事迹真是太感人了，让我们这些成年人自愧不如呀。"

12月24日，郑老板又飞到北京。他来到北京积水潭医院，看望了胡述章之后，又慷慨地捐出了5万元人民币。他希望院方能够尽全力挽救胡述章。郑老板前脚才走，北京市一位企业家和一位老人就走进了胡述章的病房，他们分别捐出了2000元人民币。

当天，国家民政部有关领导作出了重要批示，要求安徽省民政部门尽全力救助"抓阄兄弟"，并且要照顾他们的家庭。中国红十字基金会负责人表示，他们将启动"小天使基金"救助患白血病的弟弟胡帅。一旦手续办理好，就要把胡帅接到北京救治。白血病治疗"中国第一"的胡亚美院士，将亲自为胡帅定夺治疗方案。

中国红十字基金会项目部的一位负责人说，他深深被小哥俩的真情所感动，患白血病的弟弟胡帅能够把医治的机会让给哥哥，这需要多么大的勇气啊！据其介绍，中国红基会的"小天使基金"是通过所募善款，专项用于救助家庭贫困的白血病儿童，胡帅符合他们"小天使基金"的条件。弟弟胡帅的病历已传到中国红十字基金会，他们将把病历转交给胡亚美院士，由她来定夺治疗的全部方案。另外，中国红十字基金会已派人分别到北京积水潭医院和安徽省立人民医院，特别看望两位患病兄弟，鼓励他们战胜疾病，争取早日恢复健康。

■故事感悟

胡帅小小年纪就不惧死亡，把生的机会让给了自己的哥哥，他的行为让无数人为之感动。我们在为他们两兄弟间情谊感动的同时，也祈祷他们兄弟俩能早日战胜病魔，恢复健康。

王祥兄弟情义笃深

王祥（184—268），字休徵，西晋琅邪临沂（今临沂）人，历汉、魏、西晋三代。东汉末年隐居20年，仕晋官至太尉、太保。他以孝著称，为二十四孝之一"卧冰求鲤"的主人公，"书圣"王羲之五世祖王览的同父异母兄。

王祥小时性情温厚，孝敬父母。母亲死后，继母朱氏对他很不好，多次向他父亲说他的坏话，因此他父亲也不喜欢他，让他干又脏又累的活。但他毫无怨言，更加小心，从不惹父亲生气。

王览是王祥继母生的弟弟，性情爽直，很懂事儿。四五岁时，看见王祥挨打挨骂，他就抱着母亲流泪。到了童年，他经常劝阻母亲不要虐待王祥。他和王祥很友爱，经常在一起，王祥也很喜欢他。

有时他母亲无理地支使王祥干力所不及的重活，他就和哥哥一起去干，这样就能阻止母亲对王祥的无理支使。

父亲死后，王祥在乡里稍稍有点名气了，这又遭到继母的忌妒。她暗自把毒药放到酒里，想毒死王祥。王览在暗中看出问题，赶紧到哥哥房中夺回毒酒。这时王祥也看出酒有问题，怕弟弟抢去喝了中毒，于是弟兄俩抢起酒来。继母听到争吵声，赶紧跑来把酒夺回去倒掉。从此以后，每逢吃饭，王览就和哥哥一起吃，朱氏再也不敢在食物中下毒了。

继母死后，徐州刺史吕虔聘请王祥去当别驾。王祥不愿意离开弟弟，想不去就职。王览极力劝哥哥去，并亲自为哥哥打点行装，亲自赶着牛车送哥哥去徐州上任。

后来，王祥政绩清明，得到百姓的赞扬。王览也得到皇帝的嘉奖，并起用为宗正卿官。弟兄俩始终亲密友爱，为当时人所称颂。

■故事感悟

从以上故事中可以看出，王祥兄弟之间情谊笃深，这不但表现在童年、青年时代，而且在长大为官后，也能让人体会得到他们兄弟之间的相亲相爱，实属历史上兄友弟恭的典范，令人羡慕。

■史海撷英

高洋杀弟

在所有的兄弟中，北齐文宣帝高洋最恨的是永安王高浚和上党王高涣。高浚排行第三，小时候他和高洋一块儿去见父亲，高洋有时流出了鼻涕，他就责备高洋身边的人："你们为什么不给二哥擦鼻涕？"高洋认为高浚是有意让他出丑，因此一直怀恨在心。加上他做皇帝以后，高浚不断地向他进谏，高洋更加恼怒，就派人把高浚抓起来。

和高浚相比，高涣更冤枉了。有个术士曾给高洋占卜，说灭亡高氏政权的人身穿黑衣服。高洋问身边的人："天下什么东西最黑？"有人说："漆最黑。"高涣排行第七，"七"和"漆"同音，高洋就开始憎恶高涣，并把他抓到邺城。

高浚和高涣都被关进铁笼，放在城北的地牢里，饮食便溺全在一个屋子里。

陈武帝永定二年（558年）年底，高洋来到北城，顺便到地牢看看两个弟弟。跟他一起去的还有老九、长广王高湛。高洋站在地牢里放声唱歌，让两个弟弟也跟着唱。两个弟弟既恐怖又悲伤，声音不由得颤抖起来。高洋也流下了眼泪，他心一软，打算赦免两个弟弟。谁知高湛和高浚一向不和，他在旁边说："陛下，猛虎放出牢笼，是要伤人的。"

高洋听了默不作声。

高浚气得大骂："步落稽（高湛的小名）！皇天有眼，饶不了你这伤天害理的东西！"

高洋知道这两个弟弟都有雄才大略，留下的确是祸害，就抽剑来刺高涣，又让都督刘桃枝用槊扎他们。弟兄俩拼命反抗，他们抓住刘桃枝的槊，把它折断。高洋的侍从马上把点燃的柴火往里扔，可怜弟兄俩就这样被活活烧死在地牢里。

■文苑拾萃

高演谏兄

常山王高演是北齐文宣帝高洋的弟弟，排行第六。他见高洋天天酗酒，不禁忧愤交加。高洋见他脸色不好，知道他的意思，就说："老六，只要你在，我为什么不纵情欢乐呢？"

高演"哇"的一声哭了起来，一言不发地跪倒在地，高洋忍不住也流下了眼泪。他把酒杯往地下一扔，说："你好像是嫌我酗酒。好吧，今后谁敢向我进酒，我就杀了他！"

说着，他把酒杯全拿出来摔碎了。

没过多久，他的酒不仅没戒掉，反而喝得更凶了。他经常跑到贵戚家里，一边喝酒，一边角斗，没有什么贵贱之分。但只要高演一来，立刻鸦雀无声。高演很生气，回家写了奏章，准备进谏。他的幕友王晞认为不行，劝他不要进谏，他不听，找了个机会当面指责高洋酗酒误事。高洋气得眼睛发红，嘴唇发紫。他让高演站在他面前，用刀环比划高演的两肋，威胁说要杀了高演。他还把高演手下受过高演处罚的人找来，把雪亮的刀刃搁在他们的脖子上，让他们揭发高演的罪行，但一无所获。

高洋怀疑是王晞在背后挑唆高演进谏的，准备杀了他。为了保护王晞，高演回到自己的府邸，让人打了王晞20棍。高洋听说王晞挨了打，就不杀他了，只是把他发配兵器坊服苦役。

过了3年，高演又忍不住向高洋进谏，并和高洋吵了起来。高洋气急败坏地用鞭子抽了他一顿。高演心灰意冷，决定绝食。娄太后见儿子被折磨成这个样子，日夜哭泣。高洋也慌了手脚，只好把王晞放出来，让他去劝高演。

高演一见王晞，就抱住他说："我觉得气短乏力，恐怕我们不能再相见了。"

王晞哭成了泪人。他劝慰道："天道神明，不会让大王死在这里的。大王不进食，太后也不进食。大王不爱惜自己的生命，难道也不顾太后的身体吗？"

高演这才起身，勉强吃饭。

过了很久，高演还想进谏，他让王晞帮他准备材料。王晞写了十几条交给高演，同时又劝阻他说："现在朝廷上能依靠的人，只有大王了，大王怎么能轻易地抛弃自己宝贵的生命呢？酒可以使人失去理智，一旦主上发起酒疯，他的刀剑还认得亲疏吗？请大王三思！"

高演听了难过地说："难道事情竟到了这种地步吗？"

第二天一早，他对王晞说："我想了一夜，终于打消了进谏的念头。"

他派人拿火来，当着王晞的面，把进谏的稿子统统烧毁。

然而，就像高洋有酒瘾一样，高演也犯进谏瘾。不论高洋怎么骂他、打他，他都不肯退缩。直到高洋去世，兄弟俩的斗争才算了结。

张氏兄弟礼让秀才

张楚金（生卒年不详），唐朝人。他当过刑部尚书，是个德才兼备的人。

张楚金少年时发愤读书，才华横溢，17岁时同哥哥张越石一起参加地方科举考试，考中了就可以当上秀才。

张越石和张楚金哥俩的成绩都很好，主考官却认为兄弟二人只能取一个，决定录取弟弟而不录取哥哥。

张楚金对主考官说："论年龄，张越石比我大；按才能，张越石比我强。请您把我除名，录取我哥哥张越石吧！"

这个州的长官李绩听说弟弟让功名的事，十分感动，赞叹说："国家选拔人才，本来就是选择德才兼备的人，张楚金兄弟相让如此，品德高尚，可破例录取兄弟二人。"

由于李绩的推荐，张楚金和他的哥哥一齐被录取，后来张楚金官职一直做到刑部尚书。

名利地位时时考验着每一个有才能的人。能做到不伸手向国家和人民要名、要利、要地位，可算是正直的人。张氏兄弟在名利地位面前能做到互相谦让，称得上是高尚的人。每一个有才能的人，都应该向他们学习，做一个高尚的人。

■史海撷英

"神仙"下界

唐朝时，吕用之知道高骈和凤翔节度使同平章事郑畋有矛盾。有一天，他对高骈说："郑宰相派刺客来杀高公，今天晚上就到。"

高骈非常害怕，问吕用之该怎么办。吕用之说："张守一有法术，可以对付刺客。"

晚上，张守一让高骈穿上女人的衣服，到别的房间去睡，他自己睡在高骈的床上。夜深人静的时候，他把一个铜器用力扔到台阶上，发出很大的声响。然后，又把事先准备好的猪血洒在房间里，看上去很像搏斗过的场面。

早晨，张守一笑着对高骈说："差一点儿丧了命。"

高骈流着眼泪说："先生的再生之恩，高骈永世不忘。"

有一个人叫萧腾，贿赂吕用之，想谋求盐城县县监一职。吕用之去找高骈，高骈觉得有点儿为难。吕用之说："我不是替萧腾求官，最近我从神仙那里得到消息，盐城县的井里有一把宝剑，有灵气的官员才能取到。萧腾原先是神仙身边的人，所以我想让他为高公取剑。"

高骈立刻答应了吕用之的请求。

萧腾任盐城县县监几个月以后，用小匣子装了一把铜匕首来献给高骈。吕用之一见，连忙下拜，说："这是北帝的佩剑。谁要是得到了它，几百里之内，什么兵器都伤害不了他。"

于是，高骈用珠宝装饰这把剑，出入坐卧，不离左右。从此以后，吕用之自称为磻溪真君，称张守一为赤松子，诸葛殷为葛将军，又说萧腾是秦穆公的女婿。

一天，吕用之在一块青石上刻写了许多奇形怪状的文字，大意是玉皇大帝把此石授予白云先生高骈。然后，他让亲信把这块青石偷偷放在道院的香案上。高骈看到后又惊又喜。吕用之对他说："玉皇大帝知道高公虔诚修炼，功德卓著，要让高公去仙界做真君。几天以后，鸾鸟仙鹤就会来这里迎接高公。我和张守一、诸葛殷、萧腾谪降人间的期限也快满了，正好与高公一道回上清宫。"

高骈听了这番话，立刻让人在道院中雕刻了一只大木鹤，他常常穿着羽毛制成的衣服骑在木鹤上。同时，他斋戒祭祀，烧炼金丹，耗费了大量的钱财。

吕用之卑微的时候，曾经寄身在江阳县的后土庙里。现在他志得意满，便请求高骈扩建后土庙。高骈马上派人找来江南最好的工匠，挑选江南最好的木材。庙建成以后，一有战事需要出征，高骈就带着整只的羊作为祭品到庙里去祷告。吕用之又说神仙喜欢居住高楼，劝说高骈建造一座迎仙楼，而后又让高骈建了一座高达八丈的延和阁，耗费钱财无数。

吕用之经常在高骈面前呼风唤雨，或者仰望天际拱手作揖，说神仙正从云层中通过，高骈听了马上跟着下拜。吕用之还用金钱贿赂高骈左右的人，一起欺骗高骈。高骈对吕用之不仅深信不疑，还把军府的政务全交给吕用之处理。吕用之乘机辞退贤人君子，引进邪恶之徒，并且滥施刑罚，滥加赏赐，淮南的政事被他弄得一塌糊涂。

吕用之知道，淮南百姓对他心怀怨愤。他害怕被人暗中告发，就让高骈设置巡察使。在高骈的支持下，吕用之招募了100多个阴险狡诈的歹徒，号称"察子"，分派到广陵城的大街小巷，民间百姓的家庭琐事都被查得一清二楚。吕用之要是看中了哪家的妇女或财产，就诬告哪家谋反。广陵城中，因此而家破人亡的有好几百户。人们走在街上，不敢互相交谈。即使在家里，也都战战兢兢，连大气也不敢出。

吕用之又想掌握兵权，辖制将吏，便让高骈从淮南的各支军队中挑选出两万名骁勇的士兵，组成两支卫队，号称左、右莫邪都。高骈任命张守一、吕用之为左、右莫邪军使，并授予他们设置官职与任用官吏的权力。左、右莫邪都中的士兵衣装整洁，兵器精良。吕用之、张守一每次外出，都是前有士兵开道，后有侍从跟随，浩浩荡荡的，人数有1000多。

吕用之非常害怕他的阴谋败露，就对高骈说："神仙其实不难接近，遗憾的是学仙的人不能摆脱尘世的羁绊。"高骈觉得有理，便谢绝宾客，不理政事，一心成仙。从此，吕用之得以独断专行，作威作福，肆无忌惮。淮南境内的人，只知道方士吕用之，忘记了节度使是高骈。